蔦屋重三郎のバズる力

「落ち目」をV字回復させ、10倍売り伸ばす方法

鈴木博毅
Suzuki Hiroki

ビジネス社

はじめに――急成長を可能にした「べらぼうな戦略」

蔦屋重三郎《つたやじゅうざぶろう》は、１７５０（寛延３）年から１７９７（寛政９）年を駆け抜けた人物です。江戸の中期から後期の初め頃であり、出版プロデューサー、アーティストの育成者として当時の江戸文化を盛り上げ、ビジネス的にも成功を収めました。彼が敏腕プロデューサーとして大活躍したことは、多くの書籍に紹介されています。

　では、重三郎とアーティストや文芸家たちに大成功をもたらした、その「べらぼうな戦略」について、私たちは正しく理解しているでしょうか。東洲斎写楽《とうしゅうさいしゃらく》や喜多川歌麿《きたがわうたまろ》、葛《かつ》飾《しか》北斎《ほくさい》など、のちに世界の芸術史にも名を残すようなアーティストを育成して世に出し、江戸文化の隆盛を創り出した人物の、真の戦略と手腕はどんなものだったのか。

　蔦重の「べらぼうな戦略」を、私たちが正しく理解できるなら、21世紀の日本でも、もう一度文化の健全な大発展を実現できるのではないか。ビジネスなら、重三郎が成功したように、新たな顧客を驚異的なレベルで拡大できるのではないか。本書は重三郎のビジネス上の手腕を、顧客創造の視点から考察し、彼の「べらぼうな戦略」を解き明かすことを狙って書き上げました。できるかぎり、わかりやすく、難しい言葉を極力使わないことを目標にしながら、です。

なぜ蔦重は、稀代の凄腕プロデューサーになれたのか？

なぜ重三郎は商業的に成功し、なおかつ多数のアーティストを著名な存在にできたのか。アーティストたちの才能を伸ばし、歴史にその名を刻むほどの成功を収めることができたのか。この謎、彼の「べらぼうな戦略」を、私たち現代日本人も使いこなせるツールにしたい。歴史の中にある単なる英雄伝、爽快な人物伝ではなく、便利で新たな成功を生み出す道具としての叡智に落とし込みたい。だからこそ、本書は歴史書ではなく、実用書であるべきだという決意がスタート地点となりました。

なぜ重三郎は成功できたのでしょうか。彼の手法や戦略は、現代のビジネスにも応用できるのでしょうか。21世紀のいま、もし重三郎がいたら、どんな視点で行動してどんな成功を新たに生み出したでしょうか。

重三郎の成功は多く解説されていても、彼の成功を生み出した戦略や本質はくわしく解説されていません。私たちが本当に知りたいのは、その点でしょう。重三郎の功績の中で、もっとも知りたかった彼の知恵を解き明かしたい。現代の私たちが、重三郎のように新しい凄腕プロデューサーになるために、どんなことを知るべきなのでしょうか。あらゆる種類のプロデューサー、マーケターにとってビジネスの参考書となる重三郎を、本書で描き出したいと思っています。

顧客創造が不必要、というビジネスは今も存在しない

私たちの現代ビジネスでも、顧客創造は常に重要です。逆にいえば、顧客を新たに創造できないビジネスは、必ず死に絶えてしまいます。サバイブすることはできません。そのため、顧客創造の手腕に優れた人のところに、多くの優秀な才能は集まっていくのです。この点は現代のメディア界でも、ビジネス分野でもまったく同じではないでしょうか。

顧客創造は、あらゆるビジネスの生命線なのです。

YouTubeをはじめ、新たなメディアが世界的に支持されている現代でも、敏腕プロデューサーの元に才能は集まります。理由は単純で「売れる」という能力が、新人・若手アーティストを豊かな未来へ飛躍させる原動力になるからです。

【蔦屋重三郎がプロデュースしたアーティストたち】

・北尾重政（浮世絵）

・**喜多川歌麿（浮世絵）**
・**東洲斎写楽（浮世絵）**
・**葛飾北斎（浮世絵）**
・**朋誠堂喜三二（戯作・狂歌）**
・**恋川春町（戯作・浮世絵）**
・**大田南畝（狂歌）**
・**山東京伝（戯作・浮世絵）**
・**十返舎一九（戯作）**
・**曲亭馬琴（読本）**

売れるプロデューサーの元には、才能ある若手が集まる。売れるプロデューサーほど、若手や新人の隠れた才能を発掘して世に出す能力が高い。この構図は、江戸時代中期も、現代でも変わらず、日本でも世界でもまったく同じだといえるでしょう。

別の側面として、商業的に成功を始める分野ほど、新しい才能を受け入れる余地が広がることが挙げられます。お金が集まる場所には人が集まり、それが新たな才能を吸収する場として機能することも、江戸時代から現代まで不変の、世界の真理だと思われるのです。

全4章の構成で、蔦重の謎を解き明かす

本書は全4章の構成で、蔦屋重三郎のビジネス成功の秘訣をひも解いていきます。

第1章：蔦重のリスク排除と後発戦略

重三郎は細心の注意を払い、商売で失敗しない道を常に選んだ人物でした。小さな書店から始めた彼の商売。情熱的に動き、ひょうひょうと失敗を避けながらも、大きく打って出て成功をどんどんと広げていった「蔦重の経営の基本」を分析します。

第2章：「場」を作り、才能を引き寄せる

黄表紙本や錦絵、あらゆる出版物の魅力はその創造の担い手である著者たちの才能にかかっています。一方で、江戸の版元も優れた芸術家たちの争奪戦をしていました。厳しい環境で、重三郎が第一級の芸術家たちを多く抱えることができた理由を明らかにします。

第3章：市場と顧客を拡大するイノベーション

狂歌集ブームが江戸に広がる中で、重三郎のビジネスも拡大の一途をたどります。吉原の小さな書店の店主から、江戸の最新文芸を切り盛りする辣腕プロデューサーへの成長。一歩ごとに自分の顧客を広げていく彼のイノベーション術をまとめます。

第４章：蔦重の「売り広げる力」をビジネスに生かす

現代ビジネスでも、顧客を広げていく力は成功に欠かせません。重三郎の「売り広げる力」を分析しながら、その力を私たちが現代の経営やビジネスに活用するために、何をしたらいいのか。蔦重の売り広げる力を活用する着眼点を学びます。

版元ビジネスとは関係ない場所に生を享け、小さな書店から一代で江戸の人気大版元にまで上り詰めた重三郎。彼は単に商売で成功しただけでなく、当代一流の芸術家たちがその情熱を作品制作にありったけ注げる環境も提供しました。歴史に埋もれることのない光り輝く江戸文化の傑作を世に残すことへも重三郎は貢献したのです。

蔦屋から出版された書籍で、本書で紹介しているものは、できるだけ書籍の中身をかんたんに記述しています。重三郎の商売とともに、彼の躍動した江戸時代の文化文芸の趣を少しでも感じて頂けると嬉しいです。

商品開発のリスクを、蔦重はどう避けたのか？

すべてのプロデューサー、マーケターにとって、新商品開発で一番避けたいのは、売り出しの時のリスクです。苦労を重ねて世に出した商品がまったく売れず、議論を重ねて市場調査したアイデアがまったく集客できなかったのでは、泣くに泣けません。商品開発のリスクは、低くできるに越したことはないのです。

この重要な点も、重三郎に大いに学ぶところがあります。重三郎は、多くの新商品を企画し、新しいアーティストたちを世に送り出しながら、企画に失敗することが少なく、その多くをヒットさせているからです。

彼が徹底した「後発戦略」を採用していたことは、あまり知られていない事実でしょう。この本では、重三郎がいかに上手く商品開発のリスクを低くしていたかも、多くの事例から紹介していきます。

蔦屋重三郎は、7歳のとき両親が離婚して、吉原の茶屋である喜多川家に養子に取られています。その後、彼は若くして書店を開き、それからの人生の階段を痛快なまでの思い切りの良さで駆け上がります。吉原という特殊な場所で育ちながら、その影を微塵も感じさせない快男児的な活躍は、私たちの心を打つと同時に、明るく前向きな気持ちを与えてくれます。江戸時代も現代日本も、前を向いて歩く人には、良い時だけでなく、困難や壁も出現するもの。それを乗り越える強さや勇気、粋な知恵を、重三郎の生きざまと、「べらぼうな戦略」でぜひ身につけていこうではありませんか。本書がその一助になれば幸いです。

鈴木博毅

蔦屋重三郎のバズる力

目次

はじめに——急成長を可能にした「べらぼうな戦略」

第1章 蔦重のリスク排除と後発戦略

第2章 「場」を作り、才能を引き寄せる

第3章　市場と顧客を拡大するイノベーション

第4章 蔦屋重三郎のイノベーションをビジネスに生かすには

第1章

蔦重のリスク排除と後発戦略

戦略① リスクを排除してビジネスを始める

なぜ蔦重は「ひょうひょうと」しているのか

蔦屋重三郎は、汗のにおいがしない男でしょう。飄々としたイメージで、江戸の街を縦横無尽に走り回る若手起業家。大河ドラマで画面をみた方々も、同じ印象を持ったのではないでしょうか。自由で溌剌とした精神。そして彼には、幼少期の逸話がほとんどない。だから、重三郎の思想的なバックグラウンド、人間としての背骨がどんなものか、簡単には想像ができない。なにしろ、幼年期と少年期の記録がほぼなく、知られているのは重三郎が7歳のときに両親が離婚し、吉原の喜多川家に養子に入ったことぐらいである。

実際の彼は、江戸の出版界で名プロデューサーとして辣腕をふるった人物です。売れ筋、チャンスを見つけたと知ると、同じジャンル書籍を多数一斉に発売するなど、思い切った大攻勢で成功することもたびたびありました。

事業を大成功させ、手広く商売をしながらも、重三郎には飄々としたイメージが最後まで離れない。この理由は、彼が商売上のリスクを徹底的に排除したからだと思われるのです。事業で賭けをしない、でも成功を広げていくのはある意味で理想的です。

しかし、誰でも理解するように、ビジネスを開始するにはリスクがあります。作った商品が売れないリスクなどはその代表例です。書籍は、企画してから世に出るまで時間がかかります。そのように準備に小さくないコストがかかるのに、出してみるまで売れるか否かわからない。

だからこそ、大胆にビジネスを展開するには、その真逆に「リスクを徹底的に排除する思考」を背後にもつことが不可欠なことがわかります。

ビジネス開始のときには、とくに重要なことがあります。それは、**リスクを避けて小さな成功を積み上げること**です。そうでなければすぐに資金が枯渇するからです。江戸の出版プロデューサーとして話題の有名人になる重三郎も、最初のビジネスは既刊本をあつかう小さな書店という形のスタートでした。

重三郎のビジネスセンスを理解するため、欠かせない点がこの「リスクを巧みに避ける思考」です。彼の精神の内面を知るうえでは、彼の発揮した大胆さと同じ程度、いやむしろ「リスク回避の戦略」を理解することが、蔦屋重三郎という人間の姿を知るために、一番の近道だといえるのです。

「べらぼう」の意味

大河ドラマのタイトルにも使われる言葉「べらぼう」。この言葉には複数の意味がありますが、プラスの意味としては次の3つほどでしょう。

- **常識外れ**
- **予想を超えている**
- **普通では考えられないようなこと**

いずれも、重三郎の大胆なビジネス手腕、挑戦の気風を表現しているのでしょう。実際、重三郎は当たると判断すると、一気呵成《いっきかせい》にそのジャンルの本を出版しています。

重三郎は、のちに東洲斎写楽《とうしゅうさいしゃらく》とともに新役者絵を売り出したときには、豪華仕立てでありながら、いっきに30種類近くの絵を売り出しました。思い切った販売攻勢で巷の話題となり、写楽と重三郎は大いに注目を集めたとされています。

普通では考えられないような大胆な発想で江戸文化と出版を盛り上げた重三郎。しかし、江戸の街をおおいに沸かせた彼の、チャレンジする能力の源泉こそ、これからご説明していく「リスク回避を極限まで計算してから実行に移す」能力だったのです。

超ロングセラー・『吉原細見』

重三郎の最初の書店は、1773（安永2）年に新吉原大門《おおもん》口五十間道の左側で開店します。22歳の彼は最初のビジネスを、『吉原細見《よしわらさいけん》』という遊女の情報誌でスタートします。この『吉原細見』は、最古のものが1684（貞享元）年にまでさかのぼる、ある意味で当時の出版界の突出したロングセラーです。『吉原細見』は、重三郎が扱う90年近く前から売れ続けている、特定層に必要不可欠なニーズをもった商品だったのです。

当時、『吉原細見』を出版していた鱗形屋《うろこがたや》の本を店舗で販売するビジネスを、若き重三郎が最初に選んだ理由はなんだったのでしょうか。90年以上継続して売れ続けている出版物をメインに扱うことにどんな意味があったのでしょうか？

それは、**ニーズが1年や2年ではいきなり消滅しない**ことです。90年以上出版が続いているなど、江戸時代という時代性を考えれば、何世代も継続して売れていることになります。重三郎は、そのような超ロングセラーを自分の最初の商品に選んでいるのです。

リスク回避という点で、書店開業時に重三郎はさらに5つの大きな判断をしています。

①自身が育った町で開業

1つ目は、自身が育った吉原という地の利を利用していること。彼は7歳のころに両親が離婚したことで、吉原で茶屋を営んでいた喜多川家に引き取られて養子になっています。重三郎にとって、吉原は少年期・青年期を過ごした場所であり、その周辺事情や地域の人たちとのつながりをもって生きてきた場所でもありました。

②ニーズのある客が必ず通る立地

2つ目のリスク回避は、商流が目の前にある場所で開業していることです。吉原大門は、吉原に行く客がほぼ必ず通る場所であり、そこで遊女の情報誌を販売することは、商流の目の前で商売することになります。

現代でも、飲食業などは必ずターゲットとする顧客の生活経路に店舗を開業しますが、重三郎は立地においても、極限までリスクを回避する策をとったのです。

③義理の兄が営む店の軒先を借りた

のちに耕書堂《こうしょどう》と呼ばれる重三郎最初の書店は、義理の兄である蔦屋次郎兵衛の引手茶屋の軒先を借りて始められています。その意味で、ゼロから店舗を新たに構えるよりも、はるかに安い初期費用と運営費でビジネスを始めることができたことでしょう（重三郎の書店は、のちに独立した店舗となる）。

④大衆書を扱う地本《じほん》問屋を選んだ

江戸の出版業界では、比較的堅い専門書などを扱う「書物《しょもつ》問屋」と、急速に広まった一般大衆向けの書籍を扱った「地本問屋」の2つの業種がありました。蔦屋は最初のビジネスから、一貫して大衆向けの地本問屋であり続け、江戸で急速に広がっていく大衆書籍文化の恩恵を十分に受けることになりました（※のちに書物問屋にもなった）。

⑤貸本屋も並行して営んでいた

貸本屋とは、文字通り書籍を貸してお金を得る商売ですが、当時は書籍そのものが高価であったため、すべての人が気軽に本を買える世の中ではありませんでした。吉原の遊女たちにも本を貸す、ある意味で手堅いビジネスを重三郎は並行して始めたのです。

これらのリスク回避策をとりながら最初のビジネスをスタートした重三郎。彼の行動を見ていると、「目の前の商流から巧みに学んだ」要素が大変強いことがわかります。

吉原という場所で青年期まで育った彼は、人々の往来をその目で見て、人がどんな理由で何にお金を使うのかを、常に考えていたのではないでしょうか。

25年ぶりに一緒に暮らした家族と「重三郎の人柄」

日本橋通油町《とおりあぶらちょう》は、江戸時代に大手版元が多くあったエリアです。重三郎はビジネスで成功して、1783（天明3）年に住居を吉原から通油町に移しています。そのとき、幼少期に離婚で離れた彼の両親を新居に呼び寄せて、父母とともに暮らしているのです。これは、重三郎という人物の人柄を知るうえで、たいへん重要なポイントです。

これは蔦屋が33歳のとき、そして両親の離婚は彼が7歳の時ですから、約25年ぶりに両親と子供が一緒の屋根の下で暮らすことができたことになります。両親への深い愛情、幼

現代に残る吉原大門（上）と五十間道　吉原へ通う客が必ず通る場所で、重三郎は低リスクで商売を始めることができた（東京都台東区）

いころに壊れてしまった自分の家庭をずっと取り戻したかったという、彼がずっと持ち続けた願いがわかります。この逸話は、小さな子供だった当時の重三郎の心情を考えるとき、現代の私たちを切ない気持ちにさせます。

22歳で義理の兄の店の軒先を借りて、小さな書店を構えた重三郎。この青年の起業への情熱を支えたのは、実の両親にまた会いたい、幼いときに失ってしまった家庭を取り戻したいという想いだったのではないでしょうか。

その意味で、重三郎が7歳のときに両親が離婚した理由には、多分に経済的な問題があったと推測できます。わずか7歳の重三郎少年は、その悲しい想いを胸に抱えて、自身が経済的な成功を収める道を探りながら青年期を過ごしたのではないかと思われるのです。幼いときに失われた、実の両親とのあたたかな生活を取り戻すために。

まとめ

重三郎は、起業のスタートから堅実にリスク回避をしながらビジネスを始めている。のちに大胆不敵な商才を見せる彼の真価は、リスク回避の妙算にあった。

戦略② 「商売の本質」を見極める

蔦重の経営ルール

蔦屋重三郎は22歳（1772〈安永元〉年）で最初に書店を出したときから、リスク回避の策を何重にもかさねていました。彼のビジネスセンスと、経営者としての才覚をよく表しています。リスク回避をできるだけ行ってから始めるこのパターンは、重三郎の生涯を通じて変わらず、彼の大胆さの裏側にある堅実さを垣間見ることができます。

重三郎のもっとも重要な経営ルールは「**チャンスが来るまで、有利な手札を入手するまで動かない**」ことでした。

逆に、チャンスが到来すれば、有利な手札が入手できれば果敢に動くということです。重三郎はまことにメリハリの利いたビジネス指針を頑なに守って成功を続けたといえます。

重三郎がチャンスを手にする才覚を最初に見せたのは、書店開店の3年後。1775

（安永4）年5月、『吉原細見』の出版大手だった鱗形屋の不祥事で、鱗形屋の孫兵衛が罰金を受けた年です。鱗形屋はこのトラブルで、一時的に『吉原細見』が出版できなくなりました。

重三郎はこれをチャンスと見て、2ヵ月後の7月に鱗形屋にかわって蔦屋版の『吉原細見』を発行してしまいます。当時、『吉原細見』の出版は大手である鱗形屋が独占しており、その鱗形屋が季刊誌を発行できなくなったスキを重三郎は狙ったのです。

翌年の1776（安永5）年からは、鱗形屋版と蔦屋版の2種類の『吉原細見』が発刊されていきます。しかし蔦屋版の『吉原細見』はこまかな工夫がされて使い勝手がよく、次第に鱗形屋版を圧倒していくことになります。

『吉原細見』は、吉原全体の広告媒体であることから、発行が止まってしまうと、吉原の店舗は売上減少に困る可能性があり、吉原の有力者たちも、重三郎の新たな発刊を応援する立場にあったはずです。重三郎の版元への一歩は、このような背景もあって進められたのです。確実なニーズ、確実な支援を確保して始めることができたのです。

また、蔦屋最初の『吉原細見』出版からさかのぼること1年、重三郎は版元として最初の書籍『一目《ひとめ》千本《せんぼん》』を世に出しました。これは上級遊女たちを花に見立てた評判本なのですが、注目すべきは本書の絵を担当した絵師です。当時、世間に知られた売れっ子絵師・北《きた》尾《お》重政《しげまさ》を起用しているのです。

すでに評判が高くヒット作を持つ名手を、最初の書籍の絵師として依頼できた。これにより、重三郎は『一目千本』の出版を決断できたと推測できるのです。この本は大いに江戸の話題になったとされています。

重三郎の新企画、新ビジネスへの進出には、必ずその分野の名手達人の助力があります。のちの狂歌本にも、黄表紙本にも、美人画にも、役者絵にも、すべて名手達人、当時のヒット作を手がけた絵師たちが起用されているのです。

逆にいえば、チャンス、名手達人という有利な手札を手に入れない限り、重三郎は新たなジャンルの活動に進出していません。名手達人に依頼できない状況では、じっと機会をうかがい、ヒット作を出している才能ある人物との関係づくりに没頭する。

このような、非常に手堅い考え方を貫き通したことで、重三郎は世間に大胆と映るような果敢な行動力を発揮できたのです。

一番大切な「商売の本質」

北尾重政は、役者絵や美人画などで売れっ子の浮世絵師としてすでに人気を博していました。のちに北尾派という流派の祖となり、若いころの歌麿の師に近い関係だった絵の達人です。重三郎は、版元として最初の仕事から、この人気浮世絵師に依頼しているのです。

商売を始める上では、**その分野の本質を見抜いているか否か**が重要になります。吉原では、所属する遊女の個性や魅力が大変重要になったでしょう。同じように、他のビジネスにおいても、「成功するための本質」を見抜いていないと、経営リスクはとたんに大きくなってしまいます。

重三郎が最初に版元として世に出した書籍『一目千本』。これは上級遊女を花に例えた絵と評判文を組みわせた書籍でしたが、この書籍の「売れるための本質」は、絵師の腕前にあったのでしょう。だからこそ、売れっ子絵師だった北尾重政が不可欠だったのです。

現代ビジネスの類例として、自動車メーカー・マツダ社の「魂動《こどう》デザイン」の導入が挙げられます。２０１０（平成22）年に新デザインコンセプトとして、マツダ社はこれまでにない美しい造形の自動車を市場に出し始めました。印象的なコマーシャルを覚えている方もいらっしゃるかもしれません。

「魂動デザイン」を基本コンセプトにしてからのマツダ社は、日本国内と海外市場の両方で、劇的な業績の改善を実現して今に至ります。同社は２０１７（平成29）年に、過去最大の世界生産台数を記録。マツダ社の現在の業績は、世界16位、シェアでは２０２３（令和５）年で１・４％です。新しい感性の美しいデザインで過去10年間のあいだに独自ブランドの地位をマツダは築きつつあります。

マツダ社の成功事例は、自動車という製品の魅力の本質のひとつが「美しいデザイン」にあったことを教えてくれます。ガレージに置いておく自分の車は、惚れぼれするような美しいデザインであってほしい、という消費者が確実に世界に一定数いるのです。その意味で、マツダ社の「魂動デザイン」は、車の魅力に関する本質をとらえています。

重三郎は、出版ビジネスの本質を見抜き、それを外しませんでした。その本質とは、魅力的な文章を生み出せる文筆家と、本を開いた者を魅了する卓越した絵師の組合せです。

重三郎にとって、書籍の２つの本質において名手達人を必ず起用することが、リスクを減らす一番の方法だったのです。

朋誠堂喜三二を得る

朋誠堂喜三二《ほうせいどうきさんじ》という作家も、重三郎の成功に欠かせない芸術家でした。彼は天明期の文壇において、大衆小説の人気作家として活躍します。

商売が成功するための本質を摑んだら離さない、本質を外さない重三郎。

1780年（安永9年）、重三郎は黄表紙本《きびょうしぼん》をいっきに8点出版しています。この前年まで、仕入れ先だった鱗形屋の経営不振で、蔦屋からの出版点数も激減していた時期でした。黄表紙本は、大人向けの絵入り書籍として大衆に広まっていたジャンルです。人気ジャンルに攻勢をかけた形ですが、8点のうち3点を朋誠堂喜三二に依頼しています。朋誠堂喜三二は、大手だった鱗形屋のほぼ専属作家として活躍していた人物ですが、鱗形屋の経営不振でフリーに近くなり、多数の版元から新たに重三郎を仕事のパートナーに選んだのです。

1780年以降、蔦屋の書籍発刊は本格化していくのですが、その躍進を支えた人物の一人が、まさに朋誠堂喜三二でした。前年の1779年まで、数年間にわたり蔦屋の出版点数は減少傾向でした。仕入先の鱗形屋の問題が大きな影を落としていたことが理由だと指摘されていますが、これをきっかけに黄表紙本などで大攻勢をかけて、江戸の人気版元になる階段を登り始めることになります。

同業の大手がきわめて厳しい経営環境の中で、思い切った手を打ってくる蔦屋は、江戸の庶民からは大胆不敵なビジネス上手と見えたでしょう。しかし重三郎の大胆不敵さは、いつも周到な計算の上で行われていたのです。

「安物買いの銭失い」をしない

北尾重政という売れっ子絵師、朋誠堂喜三二という人気作家の存在。彼らに自分の書店から本を出してもらうために、重三郎は何度も交渉を重ねたはずです。当時、蔦屋という版元はまだ駆け出しの弱小企業という状態だったのですから。

だからこそ、単に出版を急ぐだけなら、平凡な絵師、平凡な作家で本を作るという選択肢もあったはずです。しかし重三郎はそんなことは一切行いません。平凡な絵師、平凡な作家の起用は、出版というビジネスの本質を外すまさにリスクだからです。

北尾重政と黄表紙『鐘入七人化粧』（朋誠堂喜三二・著）
1780（安永9）年に蔦屋から出版された本書は、一流絵師・作家がコンビを組んだ

飲食店でも、立地にこだわらなければ開業は簡単になり、地代の費用も安く抑えることができます。しかし、それが商売の本質を外すことになれば、安物買いの銭失いになってしまい、かえって高くつくでしょう。

平凡な絵師を選ぶこと、平凡な作家を選ぶことは、（簡単であっても）リスクを劇的に増大させます。この点を考えると、一流の才能を口説き落として仕事を依頼する重三郎のやり方が、いかにリスクを抑える効果を発揮したのかがわかるのではないでしょうか。

まとめ

重三郎は、常に一流の絵師・作家に仕事を依頼している。出版という商売の本質を熟知した上での強いこだわりは、商売リスクを劇的に低くした。

戦略③　蔦重が扱う商売の「条件」

ビジネスリスクを最も下げる方法

蔦屋重三郎が、22歳の若さで書店を開業するときから、さまざまなビジネスリスク回避の策をとっていたことをご紹介してきました。しかし、彼の「巧思妙算」の中でもあまりにも当然のように思えて、忘れてしまう重要なリスク回避策があります。

それは「**すでに売れているものを扱う**」という大原則です。

重三郎は、初期の版元作品でも、最初から売れっ子絵師や人気作家を起用したことはすでにご説明しました。しかしすでに売れているものを扱う重三郎の戦略は、「人」に留まりません。重三郎のビジネスは、すべて「すでに売れているものを扱う」という原則に貫かれているのです。

実際にビジネスで起業したことのある方はよくご存じだと思いますが、まったく新しい商品というのは、大抵の場合売れません。どのように使ったらよいか、何の目的で利用できるのか、購入後のメリットが消費者にはわからないからです。そのため、市場をゼロから作り上げるのには、非常に大きな費用と時間、労力がかかるのです。

重三郎は小さな書店から始めて、やがて江戸のヒットメーカーにまで昇りつめますが、その過程で資金力を含めて弱小だった時代は短くありません。そのため、彼は「失敗することができない」立場にあったはずです。出す書籍が必ずヒットしないと、非常に困る立場に彼はおかれていました。果敢に挑戦するためには、「すでに売れているものを扱う」というヒットの絶対的な原則を守る必要があったのです。

少年重三郎が見つめた商流

両親の離婚によって7歳で養子に引き取られた重三郎。引き取られた先の家（喜多川家）は、吉原で商売をしており、その結果として少年期から青年期まで、重三郎は吉原で生活をしていました。

重三郎の目には、吉原に通う客たちの姿や、その客に向けて販売されるガイドブックとしての『吉原細見』が売れている情景も映っていたに違いありません。吉原は江戸時代初期からあり、ガイドブックの『吉原細見』も重三郎が扱う前に、すでに100年近く売れ続けた歴史がありました。

重三郎にとって「すでに売れているものを扱う」のは、商売上の自然な感覚だったのかもしれません。しかし、彼は生涯で一度もこのルールから外れたことがないのを見ると、明確な気づき、あるいはビジネス成功上の欠かせない重要条件だと認識していたと思われるのです。

このような視点は、喜多川家の養子だったという重三郎の体験が根底にあるのではと推測されます。養子として引き取られた彼は、失敗できるような余裕のある立場ではありませんでした。同時に、基盤を確立してからの重三郎の思い切った出版戦略と大活躍は、10代の彼の中に芽生えていた、成功と自立への強烈な渇望とあこがれを私たちに連想させます。

本来、別分野だった狂歌本

唐衣橘洲《からごろもきっしゅう》、四方赤良《よものあから》、朱楽漢江《あけらかんこう》の三大狂歌師により、天明期の江戸は狂歌の大ブームとなります。このブームは、本来は地本問屋の領域ではありませんでした。

重三郎の「すでに売れているものを扱う」というリスク回避ルールは、蔦屋が属していた地本問屋のカテゴリーを越えて適用された例がありました。

その分野が狂歌本《きょうか》です。狂歌とは、過去の有名な歌をもじって滑稽さやおかしさを表現する文学的な活動です。

有名な狂歌には次のようなものがあります。

（狂歌）「白河の　清きに魚も　棲みかねて　もとの濁りの　田沼恋しき」

（元歌）「田や沼や　よごれた御世を　改めて　清くぞすめる　白河の水」

これは田沼意次失脚後、松平定信の老中就任時に江戸で詠まれた歌をもじったものです。松平定信政権の締め付けが厳しくなり、うんざりした江戸の民が狂歌で茶化したのです。

狂歌は、天明年間（1781～89年）に江戸を中心に大ブームとなりました。しかし、狂歌本は専門書を扱う書物問屋の領分とみなされており、基本的に1つの版元を除いて、狂歌本を出版したのはすべて書物問屋でした。狂歌本に進出した（地本問屋の）唯一の例外が、まさに蔦屋だったのです。

天明元年から天明三年の狂歌書出版の情況をみても、ここに鶴屋、西村屋など、『菊寿草』に名の現われた有力筋の地本問屋のものは蔦屋重三郎を除いて、一点もない

（松木寛『蔦屋重三郎』）

リスク回避を常に重視する重三郎の行動は、ここでも徹底していました。狂歌の大ブームを見て、まず狂歌会に自分も参加して、人気の狂歌師たちと知己《ちき》になっていきます。重三郎が狂歌本に進出するとき、当時の狂歌界のスター的存在だった四方赤良（大田南畝《おおたなんぽ》の狂歌名）と深い信頼関係があることが起点となっています。

おもしろいことに、重三郎自身も狂歌名「蔦唐丸《つたのからまる》」を名乗って狂歌をたしなみ、流行の最先端にある文化人たちとの交流を積極的に深める遊び仲間となっていました。ここでも、リスクを徹底して避けながらも「すでに売れているものを扱う」という、彼のビジネスルールが如何なく発揮されています。

美人画、役者絵を選ぶ当然

喜多川歌麿《きたがわうたまろ》は、美人画の傑作を多数残した浮世絵の名手ですが、芽が出ない若いころから重三郎と仕事をしていたことはあまり知られていません。

1791（寛政3）年、小さな書店開業から約20年後。重三郎は筆禍事件で幕府から罰金などの処罰を受けます。松平定信政権の出版統制によるものでしたが、打撃を受けた重三郎は、以降浮世絵などの新ジャンルに注力していきます。

そこで特に力を注いだのが、喜多川歌麿とタッグを組んで挑戦した美人画の大首絵《おおくびえ》です。

当時、西村屋の鳥居清長《とりいきよなが》による美人画が江戸で人気となっており、重三郎はすでに人気の出ていた美人画というジャンルに、新たな才能と一緒に飛びこんだのです。

東洲斎写楽《とうしゅうさいしゃらく》という天才絵師も、重三郎の新ジャンル挑戦に欠かせない芸術家でした。黄表紙本などの縮小を余儀なくされた重三郎は、自分が開拓していなかった人気ジャンルである役者絵の世界に、新たな旋風を巻き起こせる才能を探していたのです。

筆禍事件から3年後の1794（寛政6）年には、東洲斎写楽という才能とともに、役者絵と相撲絵の世界にも飛びこんでいます。

ここで振り返りたいのが、「美人画」「役者絵」「相撲絵」は、すべて既存の人気作品ジャンルであり、ファンやひいきの客が確固として存在している分野だということです。

美人画の需要は、西村屋の鳥居作品の人気ですでに証明されており、歌舞伎の世界は人気の役者とそのファンがきちんと存在しています。相撲も同様に江戸で人気の興行であり、庶民は自分の好きな力士を応援していました。

1791年の筆禍事件は、幕府の政策を揶揄する洒落本《しゃれぼん》というジャンルで、重三郎が版元となった書籍が幕府の統制や禁令に触れたことで受けた処罰でした。その影響もあり、重三郎は新しいビジネスチャンスを探していたのですが、「美人画」「役者絵」「相撲絵」は、すでに人気があり、しかもお金を使う顧客基盤がしっかりとしているという、重三郎のビジネスルールに明確に適合するジャンルでもあったことがわかります。

「世界で一番食べられている料理」を選んだサイゼリヤ

イタリア料理のチェーン店で有名なサイゼリヤ。現在は国内・海外の合計店舗数が1500店を超える巨大チェーンとなっています。同社は、低価格で美味しいことで評判が高く、現在でも人気が絶えない素晴らしい飲食ビジネスを展開しています。

サイゼリヤ創業者の正垣《しょうがき》泰彦氏の著作『おいしいから売れるのではない 売れているのがおいしい料理だ』(日経BP社)には、重三郎と似たビジネス感覚が述べられている箇所があります。
正垣氏が創業当時、開店のわずか7カ月後に店が火事になりました。再出店をするときに正垣氏がまず考えたことが紹介されています。ちなみに、正垣氏の最初の店舗は現在のイタリア料理店ではなく、フルーツパーラーもしくはスナックのような業態でした。しかしそのお店は、なんと1日6人程度しか客が来ないような閑散とした状態だったのです。悩み抜いた正垣氏は、次のような発想を得ます。

お客様が繰り返し食べたくなる〝麻薬〟のようなものを出せばよいとひらめいた。食べもので麻薬の様なものとは、世界中で人類が大量に作り、食べ続けている食品のはず本で調べてみると、世界で一番売上高のある野菜はトマトで、穀物は小麦だと分かった(中略)。トマト、小麦粉で作るものといえばパスタ…。なんだ。世界で一番食べられている料理はイタリア料理か

(正垣泰彦『おいしいから売れるのではない　売れているのがおいしい料理だ』)

正垣氏は、この着想と情報をもとにヨーロッパに飛び、現地視察の上でイタリア料理が日常食として広まり、その食文化が豊かなことに感銘を受けます。この体験が、現在のサイゼリヤの原点となったのです。

「まず売れているものは何か?」という着想、そして売れているものこそ扱うというビジネス感覚。1500店舗を超える巨大チェーンを成功させた正垣氏のビジネスは、江戸のヒットメーカー・重三郎に通じるものがあるのです。

忘れがちな商売の大原則

「すでに売れているものを扱う」。この重三郎のビジネスの大原則は、一時的な大流行ではなく、背後にある大きな商流を観察している点にも注意が必要でしょう。サイゼリヤの正垣氏も著作の中で、一時的な流行を追うことでは繁盛店は作れないと指摘しています。

『繰り返し食べたくなる、麻薬のようなもの』という言葉も、深く考える価値のある指摘です。そのような存在は、すでにベストセラーであり、市場規模も確実に大きいはずです。書籍であれば、継続して売れ続けているジャンルそのものだとも言えます。

これはあらゆる業界に当てはまりますし、業界を超えたクロスジャンルの販売でも共通します。特定の消費者層にとって、お金を使い続ける理由が確固として存在するものこそビジネスとして扱うべき対象なのです。

逆に言えば、現時点で売れてない物、ジャンルには大きなリスクがあるのです。

重三郎の「すでに売れているものを扱う」というリスク回避ルールは、江戸の商売においても現代ビジネスにおいても不変の価値を持つものです。大胆不敵に挑戦するためには、常に裏側では慎重かつ堅実な商売の原則が欠かせないのです。

重三郎の大胆さは、常に徹底したリスク回避に支えられていました。商売の大原則を深く考え抜くこと。これこそが、江戸で活躍した重三郎が、小さな書店から江戸の出版文化を代表するヒットメーカーになれた理由だったのです。

まとめ

売れ続けるものには理由がある。重三郎はそこに着目した。「すでに売れているものを商売にする」ことの重要性と価値を徹底利用しよう

戦略④ 蔦重の絶妙な後発戦略

創造的模倣

大きなリスクを負うことはできないが、同時に大きな成功を収めたい。創業当時の蔦屋重三郎は、遠大な目標を持ちながらも失敗はできないと強く自覚していたでしょう。そのために、彼がとったリスク回避策をいくつもご紹介してきました。

ここでは「リスクを小さく、でも大きく成功するために」重三郎が実行していたと推測できる、絶妙な後発戦略について考察していきます。

後発戦略とは一般に、先発企業が拡大した市場に独自の工夫をしてあとから参入し、その市場でより大きなシェアを獲得することを狙うものです。重三郎はほとんどのビジネスで、この後発戦略を採用しており、すでに先発企業が十分な成功を収めている状態を見てから参入を決めていたと思われます。

そして、後発戦略は単なる模倣とは異なる「独特の巧《うま》さ」を必要とします。

模倣はコピーを意味しており、模倣者は先発者の製品を意図的に真似る。これに対して後発参入者は、先発企業に遅れて市場参入する企業ではあるが、独自のイノベーティブな製品を有していることが多い

（『創造的模倣戦略』）

単なる模倣ではなく、後発戦略で成功する者、成功する企業は**創造的模倣**をしていると書籍『創造的模倣戦略』の著者であるシュナースは指摘します。事実、後発戦略で成功している現代企業の多くは、その市場の先発参入者よりも大きな成功を収めているケースが少なくありません。

この「先発企業よりも成功する後発参入」は、重三郎のビジネスを象徴する表現でもあります。彼は、江戸時代きっての後発戦略の達人だったのです。

後発参入者として、最初の手腕

重三郎が後発戦略の手腕を最初に見せたのは、鱗形屋がほぼ独占していた『吉原細見』の蔦屋版を出版したときでしょう。

1775（安永4）年、重三郎は吉原遊女のガイドブック『吉原細見』を版元として出版します。その年は、不祥事で大手の鱗形屋が自社の『吉原細見』を発刊できなくなった年でした（この参入タイミング自体、重三郎が後発戦略の達人だったことを示しています）。

鱗形屋の隙を突いた重三郎は、この書籍に改良を加えていきます。

蔦屋版の『吉原細見』は、遊郭の場所や遊女の所属先がわかりやすくなるようにレイアウトが変更され、ページ数を減らしながらも大判化することでかえって見やすくしていました。これらの改良、使い勝手の良さから、次第に蔦屋版の『吉原細見』は、先発大手だった鱗形屋の『吉原細見』を圧倒し、最後は蔦屋の独占事業となっていきます。

また吉原というイメージを変えるためか、蔦屋版の『吉原細見』にはその序文に当時の文化人たちが起用されました。たとえば、1783（天明3）年版の蔦屋版『吉原細見』では、人気戯作者の朋誠堂喜三二が序文を執筆しています。

重三郎による出版が、単なる模倣でなかったことは明らかです。彼は『吉原細見』の重要な本質である使い勝手を中心に改良を施しており、その改良点が後発ながら先発企業の製品を駆逐することにつながっていきます。

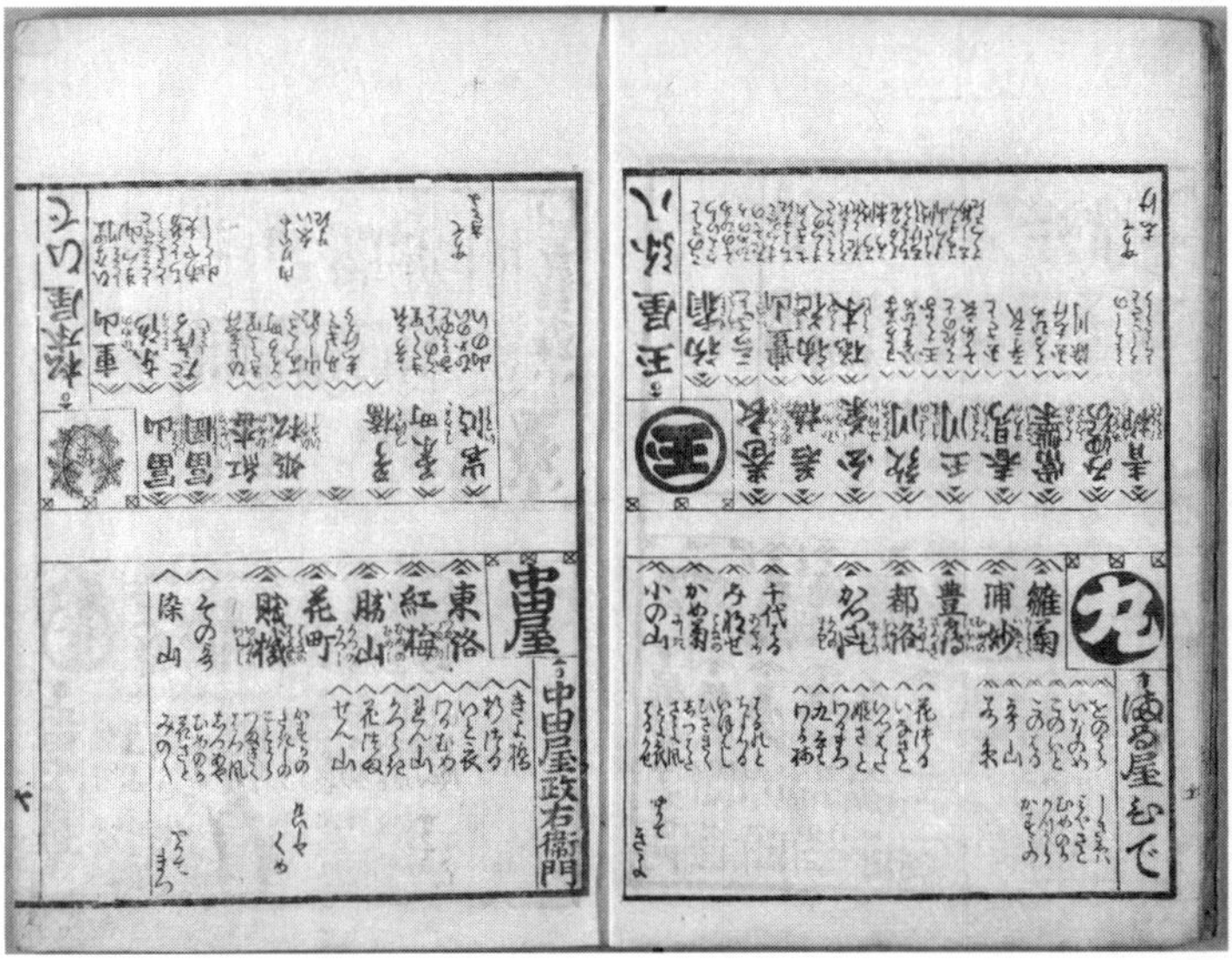

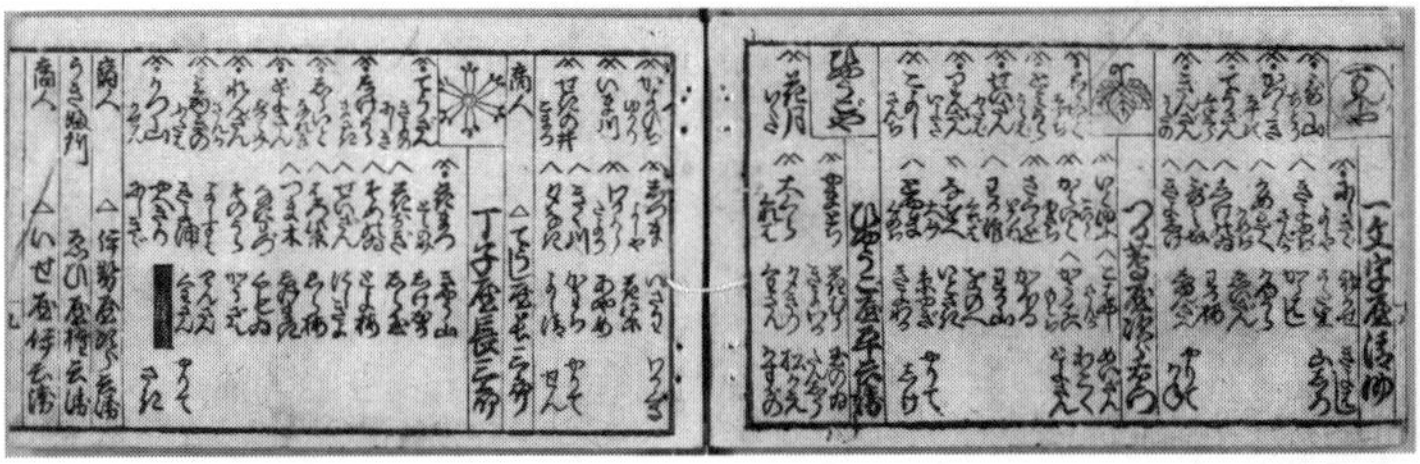

蔦屋版(上)・鱗形屋版の『吉原細見』　読みやすさを工夫したレイアウトの蔦屋版は、先行商品である鱗形版をより発展させた『吉原細見』として人気を博した

イモベーター

後発で模倣から始まりながら、最後は革新を行って先発企業をはるかに凌駕してしまう。このような存在を、書籍『コピーキャット』の著者オーデッド・シュンカーは「イモベーター」と呼びました。「イミテーション（模倣）とイノベーション（革新）を融合させる、併存させる存在」という意味です。

このイモベーターは、同質化と差別化を選択的に行う必要があるとシュンカーは指摘しています。

「イモベーターは、イノベーションを起こすべきときと、同質化するべきときを戦略的に判断する」

（『コピーキャット』）

例えば、遊女のガイドブックだった『吉原細見』でいえば「吉原のガイドブック」という点では同質化すべきであり、鱗形屋版との差別化ではイノベーションが必要だということです。売れているカテゴリに同じ枠で参入し、先発企業の製品との比較場面では、差別化が強みになるからです。

シュンカーは、現代企業の成功したイモベーター企業として、サウスウエスト航空、ウォルマート、アップルを挙げていますが、これらの企業は模倣と創造を見事に組み合わせて、独自のスタイルを確立させることに成功しています。

サウスウエスト航空は、同社以前に存在して破綻した格安航空会社のピープル・エクスプレスのモデルを模倣しながら、ピープル社が破綻した理由のひとつ「ITインフラの不足」を解消するために、ITインフラの拡充に大幅な投資をすることで（サウスウエスト航空の破綻を予測する声が多い中で）躍進を続けることができたのです。

書籍『コピーキャット』では、米エコノミスト誌のアップルに関する、次の言葉を引用しています。

アップルはイノベーターだと広く考えられている（中略）しかし実際には、アップルの本領は、自社のアイデアと外部の技術を縫い合わせて、その成果にエレガントなソフトウェアとスタイリッシュなデザインをまとわせることにある

（『コピーキャット』）

ＰＣ製品にエレガントなデザインを導入したアップルは、革新的な企業として今日まで名声を博していますが、そのビジネスの成功には創造的模倣があったのです。

彼らは単純な模倣者ではなく、「創造的な模倣者」だったからこそ大成功を収めた。模倣する要素と、創造すべき要素を最適な形で組み合わせているのです。

イモベーターたちは、模倣という入口では後発ですが、一部で同質化をしながらも、併せて鋭い差別化を実現することで、先発企業をはるかに上回る成功を成し遂げています。

歌麿との美人画でも成功した後発戦略

重三郎は、幕府の出版統制で罰せられたのちは、主力ビジネスだった戯作や狂歌絵本から、浮世絵の販売に軸足を移していきます。そのとき、見事な後発戦略で成功したのが、喜多川歌麿の美人画と、東洲斎写楽の役者絵です。

歌麿はもともと、役者絵の絵師としてデビューしていましたが、重三郎はその才能を美人画へ向けることを提案して見事に成功します。また、歌麿の美人画の特徴である「大首絵」について、書籍『蔦屋重三郎』は次のように指摘します。

「当世踊子揃」は、春章や春好など、勝川派の役者絵で用いていた「大首絵」の形式を、大胆に美人画に応用した新様の作品である

（松木寛『蔦屋重三郎』）

つまり、美人画という当時人気のカテゴリに参入（同質化）しながら、役者絵の新様式である大首絵のスタイルを取り入れたイノベーションを併存させていたのです。

重三郎のプロデュースでもう1つ大変有名なものに、東洲斎写楽の役者絵があります。こちらの役者絵も、人気カテゴリの役者絵に参入しながらも、写楽は従来の役者絵と異なり、その役者の内面を映し出すような斬新な構図を描き出しています。写楽による役者絵の出版は1794（寛政6）年。このタイミングも、後発戦略を使う者として絶妙なものでした。

役者絵への挑戦は、それまでの大御所絵師の絵に、大衆が飽きてきたころ合いを見計って行われている

（松木寛『蔦屋重三郎』）

すでに役者絵では勝川春章《かつかわしゅんしょう》、鳥居清長などの人気絵師が活躍していましたが、先行する彼らのスタイルが、大衆に飽きられてきた頃合いを重三郎は見計らって参入したのです。

「同質化」と「差別化」

巧みな後発戦略でリスクを少なく、しかし大きく成功していく。この黄金パターンは、重三郎のビジネスの最大の成功要因だといってよいでしょう。同じパターンは、蔦屋が版元として一世を風靡した「狂歌書」「狂歌絵本」でも使われています。

売れるカテゴリに同じ枠で参入し、同時に比較検討では創造的な差別化を行う。考えてみれば当たり前のように思えますが、実は意外に難しい。それは恐らく、後発戦略における2つの要素、**「同質化」と「差別化」**が人の方向性として大きく異なるからではないでしょうか。

目先の模倣をしようとする人は、単なる猿真似になってしまい、逆に創造性が高すぎる人は、むしろ発明的な最初の一人になろうとする。結果として、先発企業や先発商品などの市場が存在せず、発明が市場を獲得する前に息切れしてしまうのです。

創造的な才能が溢れる商売人だった重三郎は、先発企業が彼の目の前で成功する状況を、焦燥感とともに我慢していたのではないでしょうか。イノベーションの才能がある人物が後発の道を選ぶには、**「確実な成功」への執念や成功をつかむための我慢強さが不可欠**になります。彼にはその我慢強さがあった。

このような内面の強さこそが、重三郎を江戸の後発戦略の達人にしたのではないでしょうか。

まとめ

先発企業・商品が切り拓いた市場に的確な「同質化と差別化」をもって参入する。イモベーター・蔦屋の後発戦略の真髄がここにある。

戦略⑤ 意気に感ずる男

すべては人

石川雅望《いしかわまさもち》は江戸後期の戯作者、国学者、狂歌師でもあった多才の人でした。彼の書いた重三郎の墓碑銘には「志気英邁にして、細節を修めず、人に接するに信を以てす」と書かれています。重三郎は大きな志を持ちながら、人にはおおらかに接し、人づきあいでは信義を重んじたという最大級の賛辞です。

ビジネスのリスク回避策は、事や手法に限りません。人間の世の中ですから、**人と人との信義による結びつき**も、場合により大きなリスク回避策になりえます。

蔦屋重三郎は、人を惹きつける魅力にあふれた人物だったといわれています。

重三郎が7歳のときに両親は離婚、吉原の喜多川家に養子として引き取られていたことはすでにご説明しました。その両親を、自らの商売で裕福になったのちに呼び寄せて、通油町の家で一緒に住まわせたのですから、情の厚い人だったことは間違いないでしょう。
石川雅望の書いた、重三郎の墓碑銘には「志気英邁にして、細節を修めず、人に接するに信を以てす」と書かれています。大きな志を持ちながら、人にはおおらかに接し、人付き合いでは信義を重んじる人物だったのです。

重三郎は、人とのつながりを大切にしました。目上の著名人や文化人と、自分より年下だが才能あふれる若者たち。この上下異なる世代に対して、目上の人たちには明確な敬意を払い、若者たちにはその才能を愛するがゆえに若気の至りを鷹揚に受け止めるなど。重三郎の人付き合いの才能と気配りこそは、上の世代からの助力を引き出し、若者たちから敬意を得ながら、芸術文化における新たな野心を一緒に追求できた理由だったのです。

小さな縁から、人間関係を創る力

重三郎は最初の版元としての出版物となった『一目千本』で、当時一流の絵師として既に名の通った北尾重政を起用できています。松本寛氏の『蔦屋重三郎』（日本経済新聞社）でも指摘されていますが、これは通常ではありえないことです。開店してわずか数年の小さな書店が、最初の版元になった時点でこれほどのビッグネームに仕事を依頼できることは不可能に近いことでしょう。
書籍『蔦屋重三郎』の著者である松本寛氏は、重三郎が鱗形屋の『吉原細見』を取り扱うビジネスを始めていたこと、吉原生まれであることを活かした接待や人付き合いの妙に理由があったと推測しています。

すでに一流絵師だった北尾重政、また数年後には蔦屋版の書籍でいくども活躍するもう一人の有名絵師の勝川春章は、鱗形屋版の『吉原細見』ですでに仕事をしていました。だからこそ、吉原大門で書店を開いている重三郎と顔なじみになった、挨拶をする程度の関係性を生み出すことはできたはずです。

しかし重要な注目点は、鱗形屋の『吉原細見』を販売している書店を経営しているとしても、北尾や勝川ら一流絵師との関係は、ほんの小さな（極小の）縁に過ぎないということです。ただし、小さな縁をより強固な人間関係、信頼関係に変えていく才能が重三郎にはあり、このごく小さな縁を起点に、何度も一流絵師に出版を依頼できるほどの関係性を育てていくことができました。これはなかなかマネのできないことです。

北尾重政・勝川春章の合作で好評を博した『青楼美人合姿鏡』

勝川春章は江戸中期を代表する浮世絵師で、美人画や役者絵で数多くの傑作を残しています。達人の勝川は多くの弟子をとり、弟子の何人かは重三郎とのちに仕事をします。

重三郎の人間関係力を象徴する事例の一つは、蔦屋初期の傑作と言われる『青楼《せいろう》美《び》人《じん》合《あわせ》姿《すがた》鏡《かがみ》』でしょう。吉原遊女の姿絵本ですが、一流絵師の北尾と勝川の合作となっており、人気絵師2人で1つの作品を完成させる、重三郎のプロデュース力と人間関係力を示す名作です。『青楼美人合姿鏡』は1776（安永五）年の作品であり、重三郎の書店開店（1772年）からわずか4年後というのが、重三郎の強烈な上昇志向を感じさせます。

大田南畝との出会い

重三郎の「小さな縁から人間関係を創る力」は、北尾重政と勝川春章だけではなく、ほかの著名人との出会いでも見ることができます。わずか19歳で狂歌の名手と認められていた大田南畝《おおたなんぽ》との出会いもそのひとつです。

大田南畝は若いころから才能を発揮した、この時代を代表する文芸人です。のちの狂歌ブームを作った三大狂歌師の一人であり、狂名（狂歌を詠むときの名）四方赤良として多数の狂歌も残しました。

重三郎の書店から出す出版物を、南畝が好意的に批評したことから、重三郎が南畝の自宅にお礼のあいさつに伺った。ここから2人の付き合いが始まっているのです。

南畝と重三郎は1歳違いのほぼ同年代であり（南畝が1歳年上）、2人はなんども酒席を一緒にしながら意気投合していきます。

この出会いののち、狂歌ブームの時期には南畝との人間関係が、重三郎の狂歌本、狂歌絵本への進出に大きな後押しとなりました。天明年間に狂歌が江戸で大ブームとなったとき、南畝は狂歌名・四方赤良と名乗り、ブームの火付け役の1人として名声を博していきます。

着目すべきは、重三郎は**ごく小さな縁を大きな人間関係に育てるために、自分から積極的に動いている**ことです。文筆活動をしていた南畝に褒められた作品は多数あれども、好意的な書評のお礼のために、自宅まで出向いた版元はどれだけあったでしょうか。重三郎の人間関係は、単なる運でできたものではなく、小さな縁を見逃さない重三郎の行動力を背景にしているのです。

余技ではなく、本物の芸術

すでに述べてきたように、重三郎は小さなきっかけからも、強い信頼関係を生み出せる貴重な才能がありました。しかし、相手と友人関係になるだけでは、事業家として物事は前に進みません。彼らがお互いに意気投合するには、掲げることができる共同目標が必要だったはずです。

当時、戯作や浮世絵は本格的な芸術作品ではなく、大衆向けのものであり、下級武士などが暇なときにたしなむ余技という扱いでした。しかし重三郎は戯作や浮世絵に高い芸術性を見出し、戯作者や絵師に芸術家としての深い敬意を払っていました。
これは戯作者側や絵師の側に、心が救われるような感覚を与えたのではないでしょうか。余技と言われていた技能が、芸術家としての誇りに変わったのですから。

一方の若き重三郎の側にも、秘めたる野心があったはずです。吉原は多くの人が集まる場所であっても、社会の必要悪のような陰の存在であったことはまちがいなく、そこで青年時代を過ごした彼には、日の当たる場所への強い渇望があったと推測できます。

いわば、創り手にもプロデューサー側にも、ともに社会的なコンプレックスがあった状態。だからこそ、世間をあっと言わせるようなことをしてみたいという想い、自分を認められたいという願いが両者にあり、それに火をつけることができる者がいれば、容易に情熱の炎が燃え上がる状態だったのです。

芸術家の心に火をつける才能があった重三郎は、お互いの心にあるコンプレックスを逆手に取り、名手達人たちと盟友となって、世間をあっと言わせる作品を次々に企んでいくことができたのでしょう。

イナズマロックフェス

「掲げることができる共同目標が人を結び付ける」のは、江戸の蔦屋だけではありません。現代でも、ビジネスや芸術、地域活動で「優れた共同目標が人々を結び付ける」ことが示されています。

日本の有名歌手の方々の中には、ご自身が生まれた地域で毎年、あるいは定期的にコンサートを開いているケースがあります。２００９年から滋賀県で開催されている、西川貴教氏の「イナズマロックフェス」などもその好例でしょう。主催する西川氏は、滋賀県出身の歌手であり、音楽を通じて地元にお返ししたいという想いから始まったこのロックフェスは、開催のたびに出演アーティストも増え、毎年規模が拡大しています。「地元滋賀県を盛り上げる、地元地域への感謝」などの共通目標は、出演する側と参加する観客とに特別な関係を作り、それがさらに広がっていく。歌手の西川氏は、多くの人の心に情熱の炎を灯すことができる人なのでしょう。

多くの人が共感できる目標を掲げて前に進むこと。この力は、縁により知り合った小さな関係性を非常に強固なものにします。ただの顔見知り、あいさつをしただけの人たちが、共同目標を得てともに行動するとき、「仲間」に変わるからです。

重三郎は、接触した芸術家たちにとって版元の店主でありながら、同時に「いっしょに江戸中を驚かせる芸術を生み出そうとする」仲間だったのではないでしょうか。

この志が、若き芸術家たちを重三郎に引き寄せ、後世に残る傑作を生み出したのです。

道と人、2つの組合せ

素晴らしい才能を持つ芸術家と、互いが本当に達成した目標を追いかける。芸術家の作品にかける熱量は、それに比例してヒットの確率を高めてくれます。嫌々ながらも引き受けた仕事と、信頼できるプロデューサーと一緒に世間を驚かせる企画を進めるのでは、芸術家の手腕の冴えも格段に違うのは当然です。

重三郎は、仕事をともに進める芸術家たちの心を、燃え盛る炎のようにすることができ、その熱量が作品のヒット率をますます高めていく好循環を実現できた。

芸術家も人であり、人として追いかけたい目標を共有できた版元とは、全力で仕事に取り組めたはずです。重三郎の側も、芸術家と親密になるだけではなく、その芸術家が制作に夢中になれる「道」を指し示すことが必要だった。

このような最高の組合せを生み出すことが、蔦屋版の多くの作品が時代を代表するヒット作になり、浮世絵の分野では世界の名だたる美術館に秘蔵されるほどの傑作を世に出すことに結びついたのです。

まとめ

芸術家の心に火をつけ、強い信頼関係を結び、世間をあっと言わせる企画を共有できたことが、蔦屋が版元として多数の傑作を生み出せた理由だった。

第2章

「場」を作り、才能を引き寄せる

戦略⑥ 共感と真心で人とつながる

蔦屋重三郎の人脈

第1章では、蔦屋重三郎が小さく始めた起業家としていかにリスクを減らして前進を続けたかをご説明しました。すでに触れたように、重三郎の成功の中心には「リスク回避」のほかに、常に「人間を観る能力」「才能ある人たちとつながる力」がありました。

重三郎は、大手版元の息子でも親族でもなく、出版と直接のつながりがある家に生まれたわけでもありません。しかしながら、重三郎は起業家として進む過程で、現在の私たちがよく知る歴史的な芸術家たちと、深いつながりを持ち傑作を残しました。

■重三郎と親交を持った主な芸術家・著名人たち

朋誠堂喜三二（戯作者）、大田南畝（狂歌師）、恋川春町（戯作者、浮世絵師）、恋川好町（狂歌師）、朱楽菅江（狂歌師）、曲亭馬琴（戯作者）、十返舎一九（戯作者）、唐衣橘洲（狂歌師）、柳亭種彦（戯作者）、東洲斎写楽（浮世絵師）、北尾重政（浮世絵師）、北尾政演

（浮世絵師）、喜多川歌麿（浮世絵師）、葛飾北斎（浮世絵師）、山東京伝（戯作者、浮世絵師）、志水燕十（戯作者、浮世絵師）、唐来参和（戯作者）、石川雅望（狂歌師）、平賀源内（学者、発明家、戯作者。蔦屋版吉原細見の序文を書いた）

彼らは江戸の芸術・文化を代表する名手達人たちでした。重三郎が小さな書店から始めた弱い立場だったにも関わらず、驚くほど多彩な人々を自らの版元から世に出しています。重三郎の成功は、まさにこのような優れた才能を持つ人たちとの人脈、相互信頼をもとにした多数の仕事にあったのです。

なぜこれほどの人脈を築けたのか

なぜ、重三郎はこれほどの人脈を作ることができたのでしょうか。なぜ多くの芸術家は、重三郎と深い信頼関係を結ぶことになったのでしょうか。

理由のひとつとして必ず挙がるのは、吉原育ちだった重三郎の吉原での接待です。最初のビジネスに遊女のガイドブック『吉原細見』を選んだ重三郎でしたから、これはお手の物だったにちがいありません。

書籍『蔦屋重三郎』(日本経済新聞社)には、重三郎の接待が過ぎることで、妻が吉原帰りの重三郎と口ゲンカをするシーンが紹介されています。

女房「人の云う事も聞もしねへで、そんならどうとも好きにしたがいひ。」

唐丸「モウあやまりあやまり。よくふくれるやつの。こふいふ所を哥丸に書せてへ。月成(朋誠堂喜三二)さんとこから何といって来た。そしてねぼけ(寝惚＝四方赤良)さんハいつこよふといはしった」

(松木寛『蔦屋重三郎』)

これは、重三郎と女房の口ゲンカを偶然目撃した『艶本枕言葉』の作者に暴露されてしまった会話です。重三郎からすれば、仕事の一環としての接待というつもりがあるのでしょうが、妻の立場からは、どうしても文句のひとつも言いたくなる場面だったに違いありません。

この抜粋の「哥丸」は、美人画で成功した喜多川歌麿であり、歌麿は遊女だけでなく、市井《しせい》の女性の大首絵も描いて人気を博していました。歌麿の描写は、女性の内的な感情までも表現していると言われており、妻のふくれた表情から感情の発露をみた重三郎は、思わず先のような言葉を漏らしてしまったのでしょう。

コミュニケーションを阻害する2つの要因

人間関係が始まるには、あたりまえですが「コミュニケーション」が必要になります。
しかし、円滑なコミュニケーション（意見交換）を阻害する大きな2つの要素があります。
それは**「感情的な共感の欠如」と「相手のへ敬意の欠如」**です。

現代ビジネスでも、相手との共通目標を掲げて、物事を遂行していくことで何かを達成します。しかし、その前提のコミュニケーションも、感情的な共感がゼロであれば、そもそも始めることさえできないのです。

あなたが、どうしても嫌いな人がいるとすれば、その嫌いな人の意見や提案をまじめな気持ちで受け止めることができますか。どうしても嫌い（＝感情的な共感がゼロ）な相手からの言葉は、「どうしても嫌い」というマイナスの気持ちに阻まれて、あなたの思考に最初から一切届かないのではないでしょうか。

越川慎司氏の著書『最強チームの条件を一冊にまとめてみた』（大和書房）では、感情共有の重要性が指摘されています。この書籍は、800社17万人の行動履歴と、2・7万時間の会議、5万の資料をもとに、最強のチームがどんなふるまいをしているかを提示しています。

情報は、共有するだけではうまくいきません。情報の前に感情を共有することが重要です。「楽しい、嬉しい、悲しい」。そういった感情共有ができる関係性を作ってから情報共有をして、一緒に解決していく組織が成果を出し続けていました

（『最強チームの条件を一冊にまとめてみた』）

合理的に考えると、感情は一見不要なものに感じます。しかし実際は、だれにも感情があるがゆえに、当たり前の感情の共感を持っているほうが、合理性がすべてのビジネスでさえ、お互いのコミュニケーションがスムーズになるのです。

感情を共有し合えば、「自己開示（腹を割って話すこと）**&返報性の原理**（相手が腹を割って話したのだから私も腹を割って話そうと考えること）**」が利いて、打ち解けやすくなります**

（『最強チームの条件を一冊にまとめてみた』）

この指摘は、飲み会や接待が必須というわけではなく、相手と感情が共有できるあらゆる機会を活用することを意味します。例えば、顧客と楽しく雑談できる営業パーソンのほうが、相手の本音をより引き出せる、商談をより多く生み出せることなどに似ています。

小さな感情の共有こそが、人間関係を始める大切なカギになるのです。

33年ぶりの箱根駅伝出場を果たした青山学院大学

人とのチームを創り上げるときに、重要なポイントのもうひとつは、依頼する側と依頼される側が、偏りなくイーブンな関係で努力できることです。依頼する側が委縮し、依頼された側が傲慢になることも、逆の場合でもうまくいかない。

33年ぶりに青山学院大学を箱根駅伝に出場させ、2015年には同大学初の箱根駅伝総合優勝に導いた原晋《すすむ》監督は、著作の中で次のように述べています。

私は君をとってやったと思わない。だから君も来てやったと思わないでほしい。お互い

に一つの目標に向かって努力しよう。私だけが頑張るんじゃない。君だけが頑張るのでもない

（『フツーの会社員だった僕が、青山学院大学を箱根駅伝優勝に導いた47の言葉』）

これは原監督が、就任3年目のスカウトで失敗した経験を元にしています。3年目で結果をどうしても出したかった監督は、全国でタイム上位の選手をスカウトし、お願いして同大学に来てもらった。しかし結果は、「来てやったんだ」と考えていた選手たちの規律が守れず、期待されたようにはいかなかった。

依頼する側も依頼される側も、どちらかが傲慢になった時点でチームとして、ベストの結果が出せなくなるのです。そのためには、共通の目標、お互いにメリットのある目標の達成を掲げて、ともに成功を目指すチームになるしかありません。

簡単には届かないけれど、爪先立ちになって必死に手を伸ばせば届きそうな半歩先の目標こそ、人を動かすエネルギーが秘められているものです

（『フツーの会社員だった僕が、青山学院大学を箱根駅伝優勝に導いた47の言葉』）

相手にエネルギーを与える目標を掲げつつ、チームとして機能するようにフェアな関係を維持する。重三郎が接した芸術家たちも、自分の才能への矜持と江戸大衆の文芸への期待に応える機会など、プライドとメリットが交錯する立場にあったはずです。

一流芸術家とチームになるためには、敬意とともにこちらが委縮しないような立場を得ることが大切。そのために、重三郎は野心的な目標を芸術家たちに提示したと思われるのです。彼らと、本物のチームになるためにです。

まず「共感と敬意」から始めよう

重三郎は、吉原で小さな書店を始めた22歳の頃は、（大きな野心はあったが）何も持たない青年だったと思われます。しかし、彼の中にある「相手と共感できる」「相手に心からの敬意を払う」という資質は、彼の周囲の人々や彼と出会った人の多くを、重三郎の味方に引き入れたのです。

現代を生きる私たちも、相手を味方にすることが、いくつもの分野で成果や成功の重要なポイントになることがあります。そのとき、単に合理性から相手に相談を持ち掛けても、真心から味方になってくれないことがあります。それは、重三郎のような「相手との共感」「心からの敬意」が欠けているからではないでしょうか。

重三郎は決して小さな野心で満足する青年ではなかったはずです。しかし、そのような大きな志を持つ立場だったからこそ、彼は人とつながる能力の大切さを痛感していたのではないでしょうか。

重三郎の人生を俯瞰《ふかん》していくと、「相手との共感」「心からの敬意」という生きる姿勢が、私たちの人生に大きな豊かさをもたらしてくれることがわかるのです。

まとめ

人とつながる力こそが、成功や豊かさをあなたに与えてくれる。それには「相手との共感」「相手への心からの敬意」が重要な武器になる。

戦略⑦ 流派のトップをねらえ

次々と、人脈を作る必要性

相手との共感を持ち、芸術や若い才能へ心からの敬意を払う。蔦屋重三郎は、人とつながる資質と自身の努力によって、若いころから多くの人脈をつくってきました。しかし、版元として出版事業を成功に導くためには、単に人とつながるだけでは不十分です。

理由は、書籍の出版が継続的な事業であることです。

現代も同じですが、書籍は次々と新しいものが出てきます。社会も時代も常に止まることなく進んでいくため、人々が読みたいと思う内容も変化・進化します。だからこそ、重三郎はより多くの芸術家、より若く新たな才能を持つ次世代の芸術家と常に出会う必要がありました。

天明期に入り、黄表紙界は安永期より以上に多彩さと活発さにあふれるのだが、それと

同時に、黄表紙出版をめぐる江戸版元達の出版競争も、一層激化の様相を呈するようになるのである

（松木寛『蔦屋重三郎』）

江戸の出版が活況を呈すると、創造の担い手である芸術家がさらに必要になっていきます。どれほどの達人でも、時代の変化でやがて古くなります。しかし、出版事業を営む重三郎のビジネスでは、フレッシュな才能（新たな感性）がなによりも大切です。重三郎は、次々と若い才能と出会い、彼らと親交を結ぶために、どんな対策をとったのでしょうか。

黄表紙本ブームで激しくなる競争

恋川春町は、人気作家として重三郎と同じ時代に活躍した人物です。下級武士ながら絵を学び、江戸初の黄表紙本『金々先生花栄夢』で大ヒットを飛ばしました。

1775（安永4）年から始まる、江戸の黄表紙本ブームでは、当時出版大手だった鱗形屋が、恋川春町、朋誠堂喜三二の二人の名手を擁してほぼ独走状態でした。しかし、ライバル版元である鶴屋、伊勢屋、岩戸屋などが、後れを取り戻すべく若い芸術家たちを次々とプロデュースして黄表紙本を出してきます。

重三郎が版元として初めて出版した『一目千本』（遊女評判記）が1774（安永3）年に出ていますから、重三郎が出版ビジネスに版元として初めて参加したときと、ほぼ同じタイミングで江戸の黄表紙本ブームが始まっていたのです。

安永4年に、鱗形屋は恋川春町の『金々先生栄花夢《きんきんせんせいえいがのゆめ》』という黄表紙本を大ヒットさせます。立身出世を目指す貧乏な主人公の若者、金村屋金兵衛が夢の中で世の中の栄華を体験します。しかしその華やかさを夢で体験しながら最後は虚しさを悟って、江戸への道から郷里へ引き返すお話です。時代にマッチしたこの物語は大当たりしました。

ちなみに『金々先生栄花夢』の内容には、大金持ちの跡取りにいきなりなった主人公が、周囲の人の嫉妬や裏切りで、お金の力のむなしさを悟るという要素があり、ドタバタ劇の中にも、現代の私達さえも共感を覚えるような不思議な既視感があります。

第1章でご説明したように、大ヒットを飛ばした同じ年（安永4年）に、版元大手の鱗形屋は不祥事で新たな書籍を一時出版できなくなりました。そのスキを狙って重三郎は、蔦屋版の『吉原細見』を出版しますが、以降は鱗形屋版と蔦屋版の2つの『吉原細見』が流通していきます。

鱗形屋は、信頼回復のために翌安永5年に黄表紙本をいっきに13点も出版しますが、4年後の安永8年には新たに別の不祥事で事業が大失速。翌安永9年には黄表紙本を1冊も出せないほどの苦境に陥ります。

もともと、書店でもあった重三郎にとって鱗形屋とは仕入先としての関係がありました。そのため鱗形屋の不祥事とビジネスの凋落により、この時期は重三郎も自力で版元事業により力を入れる必要性に迫られていたと考えられるのです。

「つながっている人」とつながる

1781（天明元）年には、黄表紙本のブームの盛り上がりとともに、他の版元との競争もさらに激化していました。しかも商取引のあった鱗形屋の没落も重なります。この苦境に、重三郎は黄表紙本で多数のヒット作を出すことで打開を図ります。

次々と新しい芸術家と出会う、若い才能と出会い続ける。この問題を重三郎がどう解決していったか。これは、彼の行動を見ていくとわかってきます。結論からいえば、重三郎が行ったのは、芸術などの**流派のトップとまず親交を結ぶこと**でした。

最初期の蔦屋の出版では、朋誠堂喜三二と北尾重政の二人が、蔦屋の重要な屋台骨になってくれました。彼らは鱗形屋の専属に近い名手でしたが、鱗形屋の不祥事によって、新たな版元を探していたときに、重三郎とタッグを組むことにしたのです。

北尾重政は美人画など絵の名手でしたが、彼の門下には北尾政演《まさのぶ》（山東京伝《さんとうきょうでん》）などがいました。そして、安永9年の蔦屋版の黄表紙本の数冊は、この北尾政演が担当したのです。

絵の達人・北尾重政と深い信頼関係を築くことができた重三郎は、その門下生を紹介してもらい、版元蔦屋を支える新たな才能としてデビューさせることができたのです。

同じパターンで、浮世絵師・鳥山石燕《とりやませきえん》の門下として、恋川春町、喜多川歌麿、清水燕《しみずえん》十《じゅう》などの絵師・戯作者が蔦屋から出版しています。

流派のトップとまず深い親交を結び、そのあとに門下生やトップが認めた若い才能を紹介してもらう。このパターンは、最初は重三郎としても偶然の成功例だったかもしれません。しかし、浮世絵の分野で成功したパターンは、その後の重三郎の人脈拡大における基本戦術になっていきます。

浮世絵、狂歌の流派

天明年間（1781〜89）には、黄表紙本の本格的なブームと、もう一つ別の大流行がありました。それは狂歌《きょうか》です。狂歌は有名な歌をもじり、パロディ化したものですが、時事批評的な要素と、ユーモアの感覚が表現され、その滑稽さが江戸で大人気を博していきます。

江戸の狂歌の流行の最先端は、当時二人の著名狂歌師によって生み出されていました。小島橘洲《きっしゅう》（狂歌名＝唐衣《からごろも》橘洲）、大田南畝（狂歌名＝四方赤良）の2人です。重三郎は、この2大スターのうち、四方赤良と接触を開始します。赤良が、蔦屋版の書籍の出来栄えの良さを『菊寿草』という本の序文で褒めたことで、重三郎がお礼に赤良の邸宅にあいさつに向かったことが始まりです。赤良との縁ができたことで、重三郎は狂歌の世界に強固な足掛かりを得ることができました。

さらに重三郎自身も狂歌をたしなみました（狂歌名＝蔦唐丸《つたのからまる》）。多くの狂歌師が集まる狂歌会に参加したり、また自身も狂歌会を主催することで、多数の狂歌師たちとの親交を深め、広げていったのです。

2流派トップの軋轢まで解消した重三郎

『蔦屋重三郎』では、狂歌の2大スターの小島橘洲（唐衣橘洲）、大田南畝（四方赤良）の関係が、天明初期から大きな亀裂を持っていたことが指摘されています。それは狂歌のスタイルに対する認識のちがいで、そのためにこの2つの派閥は互いに反発する状態が続きました。しかし、この亀裂を修復し、改めて狂歌師たちが自由に交流する契機をつくった者の一人に、『蔦屋重三郎』は重三郎を挙げています。

天明五年の狂歌界をめぐる一連の動きを通して、その梶取り役を果たした蔦屋重三郎の評価が、一躍高まりを見せたとしても不思議ではない

（松木寛『蔦屋重三郎』）

このような役割を重三郎が果たせたのは、会派・流派のトップと親交を深めることの重要性を、重三郎自身が熟知していたからではないでしょうか。人脈の流れは、上流から始まり下流に向かう。だからこそ、重三郎はまずトップと親交を深めることに注力したのです。これは大規模な人脈作りには欠かせない視点でしょう。

人脈を広げるのであれば、まずその流派のトップと信頼関係を創り上げることがよい。重三郎の人脈拡大術は効果的で、分裂していた江戸の狂歌界をふたたびまとめあげる役割を果たすことまでできたのです。

まとめ

人脈の拡大は、上流から始まり下流に向かう。流派、会派、グループのトップと親しくなることで、その流派の若手を紹介してもらう機会ができるからである。

戦略⑧　才能を引き寄せる「場を創る」

どのような「場」に人が集まるか

芸術の流派のトップとまず蔦屋重三郎が親交を結び、その門下生の中で才能の優れた若手を紹介してもらっていたことを、すでにご説明しました。しかし、重三郎は事業を行う上で、さらに別の「人の引き寄せ術」を使っています。それは**「人が集まる魅力的な場」を創る**ことでした。

「人が集まる魅力的な場」について、重三郎は若いころから深い洞察があったと思われます。22歳で小さな書店を開く際には吉原大門《おおもん》のそばを選び、その扱う商品が『吉原細見』だったことは、彼のアンテナが「人が集まる場」に向けられていたことを示しています。しかし、起業時に扱った書籍が『吉原細見』だからこその（立地としての）吉原大門であり、重三郎の事業の軸足が版元として拡大していくと、その事業に相応しい場が必要であることも、彼自身が十分に理解していました。

1783（天明3）年に、重三郎は江戸の日本橋通油町に進出し、そこを蔦屋の出版業の本拠地とします。日本橋は、当時の大手版元が軒を連ねていたエリアでした。重三郎は、自身の版元事業が軌道に乗り始めたとき、やはり立地を重視して早々にふさわしい場所に拠点を移していたのです（吉原大門の書店も、細々と続けられていました）。

現代の私たちにも理解しやすいことですが、「特定の場」にはブランドがあり、そのイメージに相応しいと思われる人が集まり、住んでいることがあります。現代でも首都圏で新宿、渋谷、銀座、丸の内、六本木などの駅周辺には、ビジネスを含めた階層や集まる人に特定のイメージがあります。生活エリアでは、港区の麻布、青山、白金など、場所のブランドに憧れて、あえてそこに住居を求める人たちもいるでしょう。

すでにある「人が集まる場」をまず利用し、次第に自身の力で「新たな魅力的な場」を創り出す。重三郎は、人を惹きつける場を常に重視して事業を進めました。彼は一体どのようにして、多くの人、多くの才能を惹きつける魅力的な場を創り出したのでしょうか。

重三郎の「耕書堂」跡と案内板（東京都中央区）

吉原コミュニティを広告する「場」

重三郎が最初に創った「場」を、本書では蔦屋版『吉原細見』と想定します。吉原で育った重三郎にとって、縁者が多数いる地域がまさに吉原でした。

蔦屋版の『吉原細見』は、いわば吉原のコミュニティの一員である重三郎が、単に遊女ガイドブックとしてのみならず、吉原全体を広告宣伝する媒体（場）として立ち上げているとする趣旨の指摘が、鈴木俊幸氏の『蔦屋重三郎』（若草書房）にてされています。

蔦重以前の吉原細見に広告記事は少なく、廓外の板元によって製作されていたからであろうが、吉原そのものを広告することに

もさほど熱心ではない

（鈴木俊幸『蔦屋重三郎』）

蔦屋版『吉原細見』の出版を手掛けてから、重三郎は「場」としての書籍、出版物の「場」を創造する力に目覚めていったのではないでしょうか。出版物は、広く売れることによって、より魅力的な広告媒体となるからです。さらにいえば、自身が所属しているコミュニティである、吉原の集客を応援する機能まで手に入れることができます。

さらに蔦屋版『吉原細見』が売れるほど、蔦屋自身の存在感を増すこともできるのです。

蔦重版細見は当時一流の戯作者などを序文筆者として迎えることによってその商品価値を高めていくのである。それとともに、吉原全体、また蔦重版総体について、その文化的側面の優位さを強く印象付けてもいく

（鈴木俊幸『蔦屋重三郎』）

出版物は、物理的な「場」ではなく、情報媒体としての「場」ですが、蔦屋版『吉原細

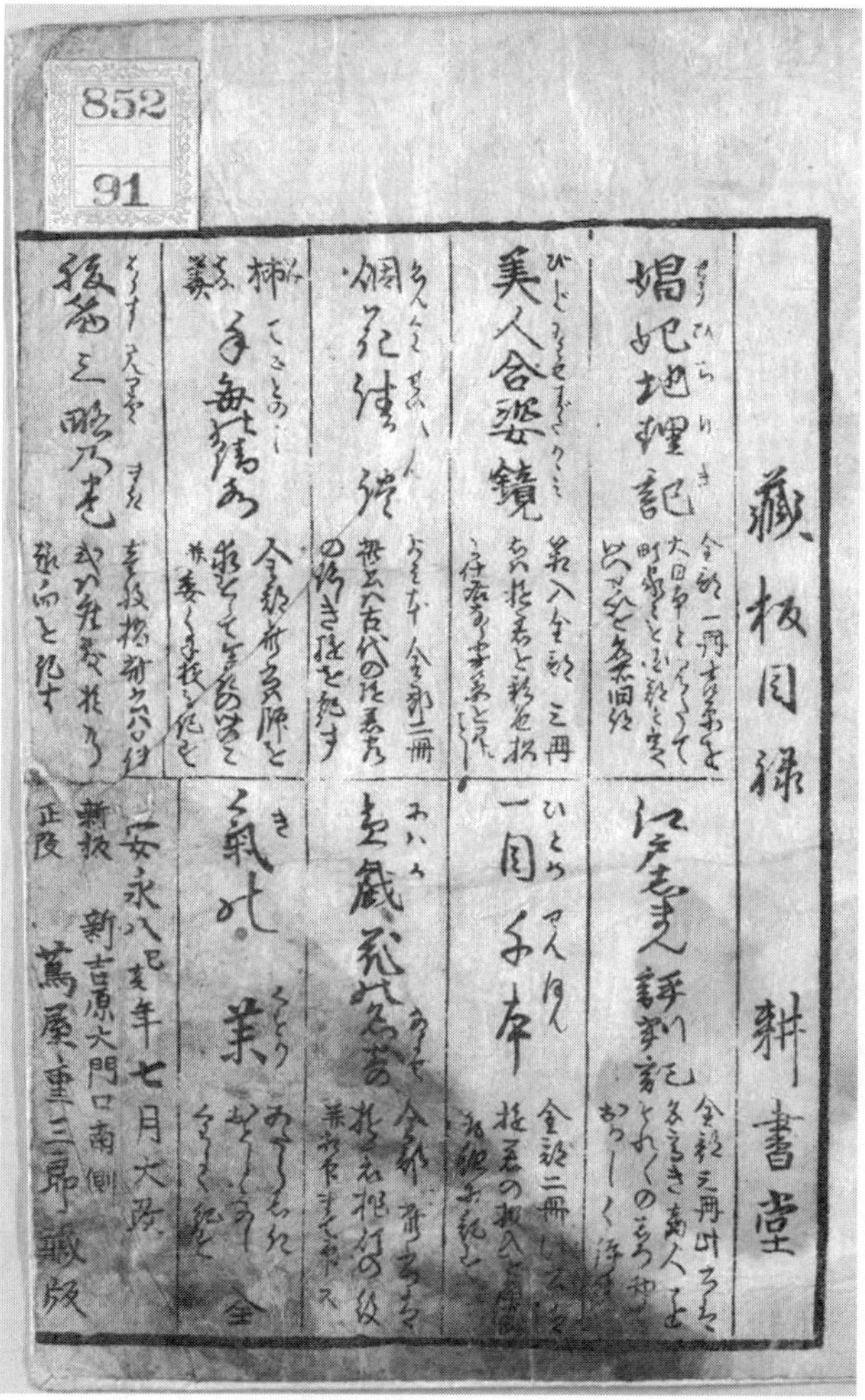

『吉原細見』の巻末に掲載された蔦屋の出版物の広告　『一目千本』『娼妃地理記』の書名が見える

見』が広く売れ、なおかつ魅力的な広告枠を新たに追加されているなら、そこに広告を掲載したい側も当然出てきます。また、蔦屋自体の版元としての出版物を告知する場としても機能したでしょう。ガイドブックとして売りながら、自社の広告媒体を持つこともできた、蔦屋側にとっては、一挙両得の事業だったのです。

『このミステリーがすごい！』大賞

最適な場を創ることで、若く新たな才能が集まることは現代でも頻繁に実行されています。宝島社の主催で2002年から行われている『このミステリーがすごい！』大賞では、毎年若い才能による新たなミステリー小説が応募されています。

大賞の賞金が1200万円のこの賞では、毎年話題作が発掘されており、映像化された『四日間の奇蹟』『チーム・バチスタの栄光』など、新たな才能を発見するだけでなく、作品が商業化される登竜門として賞が機能しています。

2冊の狂歌集が、市井の狂歌読みたちを熱狂させたように、『このミステリーがすごい！』大賞が設定されたことで、改めて筆を執り、ミステリー作家に挑戦しようとする人が増える。その賞で素晴らしい作品が選定され、商業化により知名度を得れば、賞の存在感もますます高まり、賞に応募を目指す若い人が増えていく。

このような賞という「場」が設定されたことで、選定側と作品、創作側の好循環が生まれているのです。注目すべきは、この賞が設定されたおかげで、小説執筆に挑戦する人が多数いるという事実が、賞が創造性を開花させていることを意味していることです。

効果的な場が、新たな才能を引き寄せる力を発揮している好例と言えるでしょう。さらにこの『このミステリーがすごい』大賞は、ネーミング自体が秀逸で、そのネーミングでも「すごい新作ミステリー」を引き寄せていることがわかります。新しい作家を生み出すことで、業界の新陳代謝を促す効果もあるでしょう。

適切な場は、才能を引き寄せて傑作を生み出す土壌を作る。場づくりは、適切に行われると、多数の才能を開花させる育成器のような役割を果たすのです。さらに、場に育成された才能により、大衆は場に引き寄せられていくのです。

ヒット版元という「場」

1774（安永3）年から1775年にかけて、版元としての最初期、蔦屋は基本的に吉原遊女関連の書籍を刊行しています。これは地の利があったことなどが理由でしょうが、それらの書のビジネスが手堅いものだったことも理由でした。遊女紹介本は、吉原店舗からの出資があり、その出資額に応じて紹介するスペースも異なったであろうという指摘が『蔦屋重三郎』（若草書房）でされています。

これらの吉原関連本は、一般消費者に売れる以外に、吉原の広告宣伝媒体として、吉原内部の資金にも支えられていたのです。

一方で、出版実績が増えて人気を博していくことで、蔦屋自体の版元としての魅力が高まっていきます。最初は、吉原コミュニティに支えられた場だったものが、出版物を出してヒットさせることができる「蔦屋という版元の場」としての魅力に転換していくのです。

出版媒体を含めた「場」は、不思議な力関係と構造があります。例えば、遊女ガイドブックとしての『吉原細見』は、掲載される遊女の情報を求めて購入されるのですが、それを継続することで、広告宣伝で客を集めたい側である吉原の店舗は、次第に広告媒体としての『吉原細見』に集客上の依存をするようになるのです。

「場」は適切に運営拡大されるとき、当初の登場人物たちと立場が逆転していくことになります。場の魅力が継続することで、最終的に登場人物（紹介される側）ではなく、「場」のほうが影響力は上であるという構造になっていくのです。

これはテレビや現在のネットによる映像配信でも同じことがいえます。当初は魅力的なコンテンツ側が優位でも、段階的に放映媒体（いわばプラットフォーム側）が優位になっていきます。

版元として実績を積み重ねていくことは、蔦屋自身の場としての魅力を高め、出版プロデューサーとしての重三郎の立場を高めていくことになったのです。

まとめ

適切な場は、登場人物の魅力を利用して成長し、次第に主導権を登場人物から奪って支配的な存在になる。力のある場は、登場人物に強力な追い風ともなる。

戦略⑨

狂歌ブームに生きた「場づくり」の才

場づくりの最大の成功例

「天明狂歌」という言葉があり、これは天明年間（1781〜1789年）に江戸を中心に狂歌が大人気となったことを示しています。そのブームは、武士と町人を問わず、誰もが狂歌を詠んで楽しむという状態を生み出しました。

狂歌は、有名な和歌をもじったパロディの要素を持つ歌ですが、江戸後期になる天明年間は、社会的な円熟さを迎える時期だったのかもしれません。同時に、武家政治による社会の窮屈さを茶化したり、笑い飛ばしたりするエネルギーの出口を求めていたのでしょう。

赤良、漢江、橘洲を頂点に置きながら、狂歌熱は急速に拡散してゆき、それは『貴賤上下おしなべてみな狂歌のみをよみ…』という有様だった

（松木寛『蔦屋重三郎』）

天明期以前から、蔦屋の版元事業は急速に拡大を始めており、多数の戯作者・浮世絵師の名手が重三郎の事業を支える、大手版元と遜色ない体制を確立していました。

一方で、狂歌とその出版物である狂歌集（多数の狂歌を紹介した書籍）は、当時蔦屋が属していた地本問屋の分野ではなく、書物問屋（専門書を扱う版元）の分野とされていました。その専門外の分野に飛びこんで、蔦屋は見事に成功するのですが、そこには重三郎の巧妙な「**場を創る力**」が働いていたのです。

「場」2冊の狂歌集が、ブームを加速させた

天明の狂歌ブームを加速させた、2冊の本があることが書籍『蔦屋重三郎』で指摘されています。それは『若葉集』（橘洲編）と『万載集』（赤良編）です。この2冊は性格がやや異なりますが、ともに優秀な狂歌をその歌い手とともに紹介する本です。1783（天明3）年にこの2冊が出版されたことで、続編となる狂歌集に自分も紹介されたいと願い、狂歌師たちが活発に狂歌を読み始めたのです。

ここにきて流行に遅れまい、続篇に名を連ねようという人々が激増した。今までの潜在

的な流行が俄かに外光下に出て、細流を集めて流れ始めたのだ

（浜田義一郎校注『川柳狂歌集』の解説より）

ブームをけん引することになったこの2冊の狂歌集は、蔦屋版元ではなく、それぞれ版元は近江屋本十郎、須原屋伊八です。この2冊は、翌年以降の狂歌集出版ブームの火付け役ともなったのですが、「場」の力をよく表現している事例だと思われます。

2冊の狂歌集は、優れた狂歌を読み手とともに紹介する点で、ある種のランキングのように機能しました。狂歌の名手として世間に紹介され、書籍に掲載されることは名誉であり、狂歌師たちの自尊心を大いにくすぐったでしょう。

引用の『細流を集めて流れ始めた』という言葉は、とくに注目すべきでしょう。細かな流れ、小さな歌会が多数開かれており、その場限りでいくつかの傑作が生まれていても、細流だけでは、大きな川の流れにならない。それがバラバラに存在する限り。

狂歌集という「場」が、細流を集めて大きな流れを作り、その大きな流れが社会全体を呑み込むような大ブームにつながっていく。

2冊の狂歌集のような「場」ができることで、狂歌師たちは自分たちのセンスを表現したものが広く評価されることが期待できます。「場」ができることで業界が活性化し、熱量の高い参加者が増えていくのです。

この場合も、「場」は物理的な場所ではなく、情報が掲載される媒体ということになります。これは蔦屋が版元として出していた『吉原細見』と同じ要素を持つのです。「場」というものの力、魅力を理解していた重三郎は、大ブームの狂歌界で、自分よりも先に「魅力的な場」を提示した2冊の存在に、秘かに切歯扼腕《せっしやくわん》したのではないでしょうか。

狂歌における「魅力的な場」の先駆けとなった2冊が世に出たのと同じ天明3年、蔦屋は『浜のきさご』という狂歌の手引書を出版していますが、翌天明4年からは他の版元と競うようにして、重三郎も積極的に狂歌集を世に出していきます。

江戸の狂歌、大ブームの歌会

四方赤良は当時の三大狂歌師の一人です。その赤良と重三郎が親交を結び始めたのは、天明2年から天明3年頃とされています。そのため、天明4年から蔦屋が出版した狂歌集の編者に、四方赤良が何度も名を連ねています。すでにご紹介したように、赤良は狂歌の自己流派のトップのような存在のため、彼の支持者や門弟のような狂歌師も、重三郎とつながっていたと思われます。

一方で、天明狂歌のブームでは重三郎に大変有利な点が1つありました。それは天明狂歌が最初から、「歌会という場」を中心に発展してきていたことです。一人静かに思索を重ねながら詠むのではなく、親しい狂歌師たちが同じ場である歌会に集まって、即興的にセンスを競い、披露しあう。そのようなサロン的な交わりによって、天明狂歌は広がっていました。このような歌会の形式は、吉原をサロン的に活用しての芸術家たちへの接待に慣れていた重三郎には、すでに知っている光景に見えていたのではないでしょうか。

重三郎は、自らも蔦唐丸《つたのからまる》という狂名（狂歌師名）でいくつもの歌会に参加し、自らも歌会を主催しました。この積極的な活動と参加、版元として狂歌師たちのあいだに食い込むことにより、重三郎は狂歌集というブームで、やがて版元として中心的な役割を担うことになります。

一般に狂歌の会は連《れん》という小さな単位で行われ、例えば重三郎は吉原連に所属していましたが、江戸じゅうの連を束ねる形で行われた「大会」も開かれ、参加者は３００名を超えていたとされています。狂歌の会で歌われた狂歌を掲載する形で狂歌集がのちに出版されるなど、狂歌の主催や参加自体が、版元としての重要なビジネスに直結することも少なくありませんでした。

彼は実に時宜よく、赤良との縁を取り結び、天明期狂歌・戯作壇の中核に位置することを得た。彼らの作を獲得し出版するにもっとも都合のよいところに身を置き、この分野においては他の版元のよく追随しえない立場となった

（鈴木俊幸『蔦屋重三郎』）

芸術家を惹きつける「場」を創り出し、彼らと親交を結ぶことで自らの版元ビジネスに引き込んでいく。また、芸術家も重三郎の巧妙な企画の上に乗せてもらうことで、世間に名声を博す機会をさらに得ることができる。魅力的かつウィン・ウィンの関係だといえます。

このような**「場」を巧みに利用した相互作用の積み重ね**によって、蔦屋は版元として傑出した存在になっていきます。

これらの成果を、書籍（若草書房）の著者、鈴木俊幸氏は次のように指摘しています。

天明期江戸文芸のほとんど最良の部分がこの版元によって世に出され、後世に残されることになったのである

（鈴木俊幸『蔦屋重三郎』）

まとめ

適切な「場」の創設は、多くの人を引き寄せる。引き寄せられた人々の才能を結集し、書籍という媒体（場）に掲載した重三郎は、「場」の力を巧みに利用する達人だった。

戦略⑩ 2つの勝利のカギ

「場」に特有の構造

創造された「場」には、特有の構造があります。

よく指摘されることですが、ノーベル賞のように、世界各国で高く認知されている賞の場合、基本的に素晴らしいのは賞を受賞する側であり、賞を与える側ではありません（能力の側面で）。素晴らしい活動や人類に対する科学的な貢献は、ノーベル賞受賞者個人や、受賞団体側の功績だからです。

もちろんノーベル賞を与える側の団体の活動が素晴らしいことには疑いがありません。しかし功績や栄誉は、本来は受賞側のすばらしい活動から生み出されていることもまた事実です。でも、「素晴らしい個人を表彰している場」として機能していくうちに、ノーベル賞自体の権威も世界的なレベルで高まっていくのです。

「場」に登場する人たちの権威や功績が、「場」そのものに移転していくような状態です。

これはすでにご説明してきた「場」の力であり、「場」の魅力でもあります。

職場での営業成績、あるいは何らかの活動に対してランキングなどをつけることも、「場」を創造するシンプルな行動です。しかし、設定されて運営されていく「場」には、必然的に生まれる構造がいくつかあります。文芸の世界でプロデューサーとして活躍した蔦屋重三郎は、この「場」の力を江戸の街で誰よりも効果的に利用したといえるのではないでしょうか。

「場」は人の注目を集める

魅力的な「場」が設定されると、ほとんどの場合、周囲の注目を集めます。これは狂歌の世界で、『若葉集』と『万載集』という2冊の狂歌集が、世間の注目を集めたことに共通します。そして、「場」が設定されると、その「場」に登場する人物や掲載される情報もまた、自然と注目を集めることになります。これはランキングなどの掲載の場合も同じでしょう。

適切に設定された「場」は、人の注目を集めます。重三郎が最初に扱った商品である吉原遊女ガイドブックの『吉原細見』も同じ効果があります。これらは、「場」が設定されたことで初めて生み出される力だといえます。逆にいえば、適切な「(物理的、あるいは媒体的な)場」は、それを生み出した側に、多くの人を巻き込み、人の注目を集める能力を与えるのです。

ランキングには、人気がさらに人気を生み出す構造もあります。グルメ情報などで、何らかのランキングが媒体に掲載されていれば、無名のレストランよりも人気投票で上位のレストランに行きたくなるのが人情です。その行動には、「他の人がすでにおいしいと認めている店」というリスク回避の意味合いもあるでしょう。

ランキング上位に掲載されることで、人気店にさらなる人が集まるという構図は、ランキングが掲載される以前にはなかった流れです。「場」を創造すること自体が、新しい人の流れを生み出していることがわかります。逆に、ランキングの枠外になってしまった店舗は、新規の来客が少なくなる可能性もあるでしょう。

個々のレストランの情報がランキングを創るのに、ランキングが一度成立して浸透すると、今度はランキングが店舗の集客を左右するようになる。これが「場」の魅力でもあり、「場」の怖さでもあるのです。

魅力的な「場」は、若い才能を引き寄せる

魅力的な「場」は、注目を集める力があり、人を動員する力もあります。すると、その魅力的な「場」の影響力を求めて、若く才能のある人たちを集めることもあるのです。現代でも有名プロデューサーが監督するアイドルグループなどで、加入したい次世代の若い候補者が全国から集まり、オーディションを受けていますが、構造はまったく同じです。

すでにご説明した『若葉集』と『万載集』という2冊の狂歌集が、狂歌ブームにおける最初の「場」の媒体となったことで、次の狂歌集に自分の作品と名前が掲載されることを夢見る狂歌師たちは、歌を詠むことに一層熱を込めたでしょう。

また歌会という物理的な「場」に集まり、多彩な人たちの前で歌を詠む形式自体が、「場」の力を大いに増幅させたはずです。あの「場」に集まれば、自分にも機会があるのだと。

書籍『蔦屋重三郎』（若草書房）には、天明狂歌ブームにおける歌会のおおらかさそのものが、より多彩な才能をその会に参加することを許したという指摘があります。

狂歌に必ずしも堪能とはいえないような戯作者や役者、さらには狂歌を詠まない者まで仲間に加わっていくことになる。天明期の江戸狂歌が様々な人材を吸収し、幅広い活動を展開しえた理由の一つがここにある

（鈴木俊幸『蔦屋重三郎』）

必ずしも狂歌を詠まない者まで、歌会は受け入れる懐の深さがあった。この広い受容力は、文化芸術全体に関わる才能ある人たちに、一つの場で遊ぶ面白さを体験させたでしょうし、人がより多く集まる場で自らの才能を披露する心地よさを、狂歌詠み達には味あわせたのです。

版元としての重三郎の歌会への参加は、狂歌師たちにはさらに刺激的な要素だったに違いありません。歌会で素晴らしい狂歌を生み出せば、次の蔦屋版の狂歌集に自分の狂歌と名前が掲載されるかもしれないのですから。これは、有名になりたいという想いのある狂歌師には、たまらない機会です。

「場」における2つの勝利のカギ

これまで述べたように、適切な「場」には多くの魅力があります。この「場」における2つの勝利のカギをまとめておきたいと思います。

①注目が注目を生み、参加者が参加者を生む

適切な「場」には、最初の段階で「場そのものに注目される」要素があります。例えば、何らかのイベントがあるとすれば、イベントのタイトル自体が重要となりますし、どんな登場者が期待できるのか、という企画の趣旨自体が大切になります。「場」に参加することで、自分が「場」の発展に貢献でき、また「場」に参加したことに満足感を抱けることも大切です。

結果として、**「場」の企画が注目を生み、「場」に登場した者、参加した者の魅力がさらに人を惹きつける**要素が1つめの勝利のカギになります。

②「場」において健全な世代交代の力学がある

「場」のランキングや注目度には、当初そのテーマに沿った優秀な者が該当するとして、

ランキングの上位者が常に固定された者で占有されていると、新たな参加者や若者は、その「場」に対して興味を失っていきます。逆に、上位者が年齢を重ねたり、広く消費者から飽きられる時期がくれば、固定的なランキングの場合は、その上位者の没落とともに、「場」そのものも古びてしまうのです。

そのため、スポーツの世界でも芸能の世界でも、**常に「新しく若い才能」の芽を育てておくために、世代交代の機能を取り込んでおく**ことが多いものです。今のスターが輝いているうちに、若い世代の新鮮な才能を足元で集めておくのです。

秋元康氏がプロデューサーを務めるアイドルの坂道グループは、「乃木坂46」「欅坂46」「日向坂46」の3つのグループで構成されています。女性アイドルグループながら、メンバー個人が女優活動などを積極的にすることでも知られ、女性ファッション誌にもメンバーが多く取り上げられています。

この坂道グループでも注目すべきは、世代交代の機能がきちんと盛り込まれ、新しい世代の女性アイドルをデビューさせ続けながら、既存のメンバーに卒業というシステムを課すことで、何度も世代交代に成功しながら人気を高め、またオーディションなどで新人アイドルを発掘する場の循環を成し遂げています。

坂道グループでは、場を効果的に作り上げることで、注目が注目を呼び、場に参加したいと思う者をさらに集め、世代交代によって人気や知名度を時間の経過とともに広げていくことに成功しています。

重三郎は、狂歌の世界でも「場」を創る才能を存分に発揮しました。媒体としての「場」である狂歌集そのものは、その先陣を切ることはできませんでしたが、先の2冊の登場以降は蔦屋版狂歌集が何冊も出されています。そして、物理的な「場」の極致としての「歌会に」自ら参加し、また自ら歌会を主催しました。芸術家の心をとらえ、信頼を得る才能があった重三郎にとって、最高の手腕の見せ所だったのではないでしょうか。

新たな才能を発見することは、業界の寿命を延ばし、「場」の力を延命させる効果を発揮します。現在のスターの魅力は、10年後にはその既存客とともに年を取っているからです。若い才能がどんどん出てくる業界では、「場」が魅力となって求心力を生み出す。若手が活躍できる「場」があること自体が、業界に熱量をもたらしてくれるのです。

重三郎は、魅力的な「場」を創ることによって多くの人を惹きつけて、新たな才能を発掘していきました。このサイクルこそが、江戸文芸における名プロデューサーとしての活躍を支えたのです。

まとめ

適切に設計された「場」は、注目を集めて人を惹きつける。「場」を勝利に導く2つのカギは、注目を設計することと世代交代の構造である。

第3章

市場と顧客を拡大するイノベーション

戦略⑪ ユーザーを極度に拡大する力学

市場が大膨張するトリガー

ヘンリー・フォードは20世紀の自動車史を代表する人物の一人です。フォードが成し遂げたことは、実は現代の産業史でも、私たちの身近な生活にも類似例が多数あります。

人間の歴史上、ある商品が突然、爆発的に利用者を拡大することがあります。例えば、アメリカの自動車王として有名なフォードが1908年に製造したT型フォード。当時、自動車は高級な嗜好品であり、お金持ちしか乗ることができないものでした。しかし、フォードの製造合理化は自動車の価格を劇的に下げ（最終的にT型以前の自動車の10分の1ほどになった）、約20年間で1500万台もの生産を成し遂げました（これは現在でも歴代第2位の生産台数。1位はフォルクスワーゲンのビートル）。

フォードの事例では低価格化と自動車の信頼性の向上（壊れにくくなった）が、購入者を増やし、利用シーンを激増させました。お金持ちの高価な趣味だった自動車は、フォードの努力により広く一般庶民の実用的な製品に生まれ変わったのです。

20世紀には象徴的な市場爆発の事例が多数存在します。ソニーのウォークマンは、移動中に音楽を聴けるという機能、軽さとコンパクトさで世界的な人気を博しました。そして、現在では日本で2億台を超える利用者登録があるスマホ（携帯電話）ですが、日本国内で1985（昭和60）年に最初に発売されたとき、重量約3キロもあるショルダーフォンという形式でした。

低価格化、コンパクト化、軽量化、利用のしやすさなど、これらの要素が加わることで「利用者、購入者が激増する瞬間」こそ、その製品分野で真のイノベーションが行われたときなのです。江戸後期の文芸分野では、さまざまなものに対するイノベーション（利用者の爆発的増加）が行われ、そのいくつかに蔦屋重三郎も関わっていたのです。

黄表紙本に隠されたイノベーション

蔦屋重三郎は、1773（安永2）年に小さな書店から創業したことはすでにお伝えしました。数年後に版元となり、やがて江戸を代表する文芸プロデューサーとなる重三郎ですが、彼の初期の版元ビジネスに欠かせない要素が「黄表紙本ブーム」でした。
黄表紙本の前には、赤本・黒本という書籍形式がありました。これらはともに、かな書きの絵入り本でしたが、比較的シンプルなテーマを題材にした書籍で、大衆向けの絵入り娯楽本という位置づけでした。
そこに新たな形式を持ち込んだのが、1775（安永4）年に出版された恋川春町の『金々先生栄花夢』（鱗形屋版元）でした。

春町の創案による黄表紙文学とは、『通と滑稽を表裏一体のものとして』表現する洒落本の発想と手法の上に、さらに草双紙的要素つまり挿絵（絵画）を取り込む方法論に基づいている。要するに、文学と絵画を合体させた『視覚的文学』の成立である

（松木寛『蔦屋重三郎』）

黄表紙本以前の赤本・黒本などが子ども向け、あるいは青年向けだったのに対して、黄表紙は大人が読める本格的な文学と絵を結び付けたのです。この結果、書籍を読む中心層だった大人が、わかりやすく楽しめる視覚的な文学となった黄表紙を広く読むようになりました。

恋川春町と鱗形屋のタッグになる最初の黄表紙本である『金々先生栄花夢』は大ヒットとなり、このタッグで続々と黄表紙本が出版されます。同時に、ほかの版元もつづくようになるのですが、黄表紙本という書籍スタイルのイノベーションが、江戸後期に広く本を読む大衆を生み出したのです。

振り返ると、実際には赤本・黒本などの絵入り書籍も、子どもや青年の識字率や教育レベルを上げるためのイノベーションだったことがわかります。しかし、その絵を取り込む手法が、黄表紙本によって大人向けの文学にまで辿り着いた。これにより、文学を楽しむ本来の中心層だった大人の読者が爆発的に増えたことが、江戸文芸を大きく盛り上げることにつながりました。

狂歌を大ブームにした「あるもの」

天明年間（1781〜89年）に江戸を中心に狂歌が大流行したことはすでにご説明しました。また、多くの優れた狂歌を収録した『若葉集』と『万載集』が1783年に登場して、優れた狂歌を詠めば世間に名前が知られるという仕組みも確立、狂歌師たちをさらに熱狂させたこともすでにお伝えしたとおりです。

ところが、狂歌そのものは江戸時代に始まった文学ではなく、平安時代にすでに狂歌というジャンル自体は存在していました。ではなぜ、江戸の天明年間に狂歌は大ブームとなったのでしょうか。

想定される最大の理由は、狂歌が本来は平安貴族のような少数の富裕層がたしなむ遊びだったのに対して、江戸の狂歌ブームは豊かになった町人文化に入り込んだことです。一般大衆のあいだで識字率が大幅に向上したことによる、「**狂歌の大衆化**」が可能な下地があったからこそ、天明年間に狂歌が大ブームとなれたのではないでしょうか。

江戸で豊かになった町人文化は、平安貴族ほどではないにしても、庶民に遊びの要素を可能にしています。観劇や相撲観戦もその一部でしょう。一方で、先にお伝えした「狂歌集」という場、さらには江戸狂歌自体が、遊び仲間が集まって一緒の場で詠うという「場の形式」を持っていたことも、流行に拍車をかけたはずです。

近所の仲のよい友人が集まり、一緒に遊びながら狂歌を詠む。さらにそこで傑作が生まれたら、次に出版される狂歌集に自分の狂名といっしょに掲載されて、江戸中で名前が知られる、ちょっとした有名人になれるかもしれない。このようなスリリングな要素が江戸後期の狂歌ブームにむすびついたのです。

また、江戸天明年間の狂歌の会は、あくまで遊び仲間が集まる会であり、「狂歌の手腕が高いことが参加の条件」ではなかったことも、狂歌ブームにプラスとなりました。

一緒に会を楽しめるなら、あるいは会を楽しいものにしてくれるなら、狂歌を詠む才能がなくとも、極端にいえば狂歌を詠まなくても歌会に参加できる。この度量の深さを考えると、「狂歌の会」という名目で友人知人が集まって遊べるということが、このブームを広げた要因ともいえるのではないでしょうか。

ある日、市場が急拡大する本当の理由

天明狂歌の会の特徴を考えると、従来の貴族の遊びという狂歌から「気難しさ」を抜き取ったことが参加者を激増させたともいえるかもしれません。ボトルネック、あるいは参

加障壁を取り去ったことで、楽しめる人が一気に増えたのです。

「イノベーション＝利用者を急拡大させること」と捉えると、逆になぜ利用者数が制限されているか、を考える発想にいきつきます。市場が拡大していないものには「利用者を制限してしまう要素」が、気づかれないままに付随していることがほとんどだからです。

自動車王フォードの例では、彼のT型以前の自動車があまりにも高価で、そもそも一般大衆が買える金額にないという点が利用者を極度に制限していました。同じように、天明狂歌以前の狂歌には、「敷居の高さ」という制限要素があったのではないでしょうか。

みそで有名な日本のマルコメ社は、２００９年に「液みそ」という新商品を発売しています。商品開発のきっかけは、味噌を味噌汁に溶かすとき、どうしてもダマが残り、溶かすのに手間がかかるという消費者の声からでした。

同社の液みそは、ボトルタイプでパッケージされ、たった一人でもさまざまな味噌汁の味が楽しめます。そのため、２種類以上のフレーバーを冷蔵庫に入れて併用しているユーザーが４割を超えるなど、既存の味噌の利用法を超える形で愛用者が増えているのです。

この液みそも、過去の固形の生みそのボトルネックを解消した商品として、右肩上がりで売上が増え続けている商品になっています。

液みそは、利用者を急拡大させているという意味で、立派なイノベーションなのです。

注目したい点として、マルコメ社が扱う味噌はまさに伝統商品であることです。味噌は日本で1300年上の歴史があるとされ、もちろん江戸時代の日本人にも愛用されていました。これほど歴史がある製品にも隠れた「利用者を制限してしまう要素」があるのです。歴史の長い製品ほど、実は顧客を拡大するイノベーションの余地が多く残されているのかもしれません。

味噌がさらに利用しやすくなり、イタリア料理のソースに多用される新時代もあり得ます。味噌を利用するのが和食のみ、というのも制限だからです。

天明狂歌に見るイノベーションの条件をまとめてみました。

- **周辺文化から中心文化への投影（市場の多数派に向けた改変）**
- **敷居の高さを取り払う**
- **多彩な人材を吸収する寛容さを持つ**
- **遊びの要素を取り入れる**

- **優れた作品を生み出せば褒賞がある**
- **自己顕示欲を満足させる仕組み（狂歌集に名前が載る）**

天明狂歌の背景には、このような効果的な仕組みがありました。その結果、一部の人たちがたしなむものだった狂歌が、社会をにぎわす大ブームとなったのです。現代の私たちの社会を見渡しても、同じ仕組みで大ブームを起こした商品例は多数あります。このイノベーションの方程式は、江戸から現在でも不変の、市場創造を可能にしてくれる秘密なのです。

まとめ

イノベーションとは、利用者の急激な拡大を引き起こすことである。江戸後期には、市場を爆発的に拡大させるいくつものイノベーションが実現された

戦略⑫ 顧客を急拡大させた2つの仕組み

蔦屋重三郎が20代に感じた「うらやましさ」

蔦屋重三郎は、その生涯を通じて版元ビジネスの大成功へ向けて着実に階段を駆け上がっていきました。しかし、彼の成功はけっして一本道ではなく、成功ばかりで失敗がなかったわけでもありません。

彼は成功の過程で、多くの思い違いや期待外れを経験しています。それは、若き重三郎が挑戦した足跡を見ていくとよくわかります。

重三郎は1773（安永2）年に、吉原大門《おおもん》のそばで小さな書店をスタートさせています。鱗形屋が発行する遊女ガイドブックの『吉原細見』の販売で商売を始めた彼は、1775年に小売りだけでなく、版元としても商売を開始しました。

ただし、重三郎が版元となって出版した本は、当初は吉原に関連しており、ある意味では地の利を生かした手堅い一歩だったといえるでしょう。鱗形屋がほぼ独占的に販売していた『吉原細見』について、蔦屋版を1775年に出版した以降は、使い勝手の良さや、吉原コミュニティの内側の人間であることを活用した誌面作りや記事で、先行者である鱗形屋版を、しだいに凌駕していったことはすでにご説明しました。

蔦屋版『吉原細見』にあるのは、使い勝手の良さと新鮮な企画による集客力の強化です。改良・改善による集客の増加は、非常に重要なスキルですが、本格的なイノベーションとまでは呼べません。唯一、この時期に重三郎のイノベーションと呼べるのは、遊女を花の絵に見立てた『一目千本』(遊女評判記)のスタイルでしょうか。

一方、挿絵本のスタイルを大人向け文学と融合させた、革命的な1冊(黄表紙本)である恋川春町の『金々先生栄花夢』が鱗形屋から発売されたのも、1775年です。重三郎が版元として、ようやく駆け出しの頃に、江戸文学界の大きなイノベーションが、彼以外の場所(鱗形屋と恋川春町)から起こったのです。

重三郎は、最初の黄表紙本である『金々先生栄花夢』の大ヒットと、そのあとに続いた他の版元の黄表紙本の成功を眩しく感じ、またうらやましく思ったのではないでしょうか。彼のその情念は、1777年の洒落本の発刊、1780年に蔦屋から最初に黄表紙本を発刊するなどの動きからわかります。青年版元の重三郎の20代は、出版業界の先輩たちの見事な手腕に感嘆し、生み出された流行に遅れまいとするところから始まったのです。

黄表紙本にあった「2つのイノベーション」

現代ビジネスのイノベーション論、マーケティング論から見ると、江戸文学の1つの革命だった黄表紙本の出現には、主に2つのイノベーションがあることがわかります。

① ビジュアル化で、大人向け文学そのものの読者を広げた

押絵が多い書籍は、黄表紙本以前は子ども向け、あるいは青年向けの書籍に採用されていたスタイルでした。このスタイルは、絵が多いことで間口が広く、文字だけの本を読むことが苦手な層まで読者にできる特徴があります。ビジュアル化を行うことで、**文字だけでは読者にならなかった層にまで購入者を広げることができた**のです。

② 市場の中心層に、商品ターゲットを移行した

絵本というのは、本来は子ども向けの書籍スタイルです。しかし、その書籍スタイルを、**文学の読み手の中心層である大人に向けて作成**しました。これにより、絵本のスタイルはより広い、読書の中心層に向けてターゲットを切り替えることができたのです。

昨今でも、図解やビジュアル化によって新たな読者層を獲得することは、現代の出版業界でもよく行われている手法です。この場合、文字だけでは手にすることに心理的な抵抗があった（読みづらい、わかりにくい）専門書のイメージをくつがえすことで、読者数が増加するという構造になります。前項でお話した「参加障壁を取り除く」に通じます。

２つ目の「市場の中心層に商品ターゲットを新たに移行した」というイノベーションは、私たちの現代生活でも隠れて多く存在しています。古典的なマーケティングの教科書に紹介されている例では、「赤ちゃんむけのベビーローションを、成人女性向けに売り出したところ大ヒットした」というケースがあります。

これは、赤ちゃんの敏感肌向けの低刺激性などが、成人女性にとっても実は重要な魅力となったケースですが、限定的な枠組みを取り払うことで、特定の機能やスタイルが数倍の消費者を獲得してしまうイノベーションということができます。

のり用から事務用で大ヒットしたシュレッダー型ハサミ

対象とする市場を変えたことで大ヒットした商品に、アーネスト社のシュレッダー型ハサミがあります。同社のシュレッダー型ハサミは、当初料理でのりを刻む目的で開発され、実際に「きざみ海苔ができます！」という商品名で発売。しかし発売から1年間で7000個と低迷。取引先の「シュレッダーにしたらどうか」との言葉に、事務用に転換。ちょうど、個人情報保護法が施行された直後で、シュレッダーの需要が急上昇しており、なおかつハサミの手軽さがうけて、なんと初年度だけで20万本の大ヒット商品に。

商品名も「秘密を守りきります！」という洒落が利いた連想的なものとなり、シリーズの累計が1000万本を超える大ヒット商品に成長しているのです。

この商品は、市場を変更したことで価格的な恩恵も受けています。料理用にのりを刻むだけでは1800円は高価に感じますが、個人情報を守るための事務用品ならば、1800円は高いと感じないからです。

実際、据え置き型のシュレッダーの価格と比較すれば、割安にさえ思えてしまいます。より大きく、より高価格の市場に向けた転換が大成功した事例です。

より大きな市場向けに創るというイノベーション

「市場の中心層に商品ターゲットを新たに移行する」というイノベーションは、私たちの身近に多数の成功例があります。例えば、２０２０（令和２）年より緩やかに拡大基調を続けている、日本国内のおもちゃ市場。そこでは「キダルト」という新たな造語が使われ始めています。これは、「子ども心を忘れない大人」という意味ですが、シンプルにいえば、「大人向けのおもちゃ市場」が現在のおもちゃ消費の拡大を支えているのです。

当然ですが、子ども向けのおもちゃは、そのままでは大人が購入するものになりません。そのため、大人が購入するのに抵抗感がない高いグレードや大人受けするデザインのおもちゃに変更、改変されています。これは、絵本のスタイルと大人向け文学を融合させた黄表紙本の成立スタイルに一致します。

ほかにも、東京ディズニーランドなどのアトラクションも、年々大人向けの魅力が増えてきていることで、子どもたちだけではなく大人も十二分に楽しめる場所に完全に切り替わりつつあります。

消費が活発な中心市場へ狙いを変更する意味でのイノベーションは、最新のマーケティングでも非常に多くの成功事例があるパターンなのです。

中心市場に向かうときに必要なこと

若き起業家であり版元でもあった重三郎は、20代のビジネスをどちらかといえば「学習する側」として過ごしたと推測されます。それは、出版業界の先達が生み出した成功を、ひたすら追いかけて模倣する、その新たなスタイルの成功を自分の中に必死に取り込もうとする学習努力だったでしょう。

一方で、小さな市場の製品がより大きな中心市場に向かう場合、どうしても必要なことがあります。それは、黄表紙本が実現したように、大人向け文学としての「**本格さ**」です。中心市場では、より本格的であることが常に要求されるため、小さな市場であればゆるされた中途半端さは、より大きな、より購買意欲のある中心層の市場では許されない。

これは大人向けのおもちゃである「キダルト消費」にも言えることでしょう。**本格的ではないおもちゃは、大人が購入する対象にできない**からです。

キダルト市場のように「本格さ」が実現されることで、大人に広く売れていく商品は現在数多く実現されています。大阪にあるユニバーサル・スタジオ・ジャパン（ＵＳＪ）では、近年「スーパー・ニンテンドー・ワールド」というアトラクションエリアが設置され、ゲームの世界を再現した施設が人気を博しています。

ＵＳＪでは、映画ハリーポッターの世界を再現したエリアも非常に人気が高く、映画ファンの大人も子供も広く楽しめる施設、アトラクションになっています。ここでも、大人が世界観に没頭できる「本格さ」が実現されているのです。

江戸文学に革命を起こした黄表紙本には、この本格さがきちんと確保されていたからこそ、中心市場で爆発的に拡大することができたのです。

まとめ

若き重三郎は、他者の新しい成功例からひたすら学んだ。黄表紙本というイノベーションは、大人向け文学市場を爆発的に拡大させた

戦略⑬ これまでの枠を超えて市場を洞察

安永10年（1781年）の蔦屋重三郎の実像

蔦屋重三郎が、当時江戸で大流行した黄表紙本（挿絵入りの大人向け文学書）の出版に乗り出したのは、1780（安永9）年のことでした。これは彼が小さな書店で商売を始めて7年後のことです。この1780年（黄表紙本8冊）と翌1781年（同7冊）は、重三郎にとって黄表紙本で大攻勢をかけた2年間でした。

書籍『蔦屋重三郎』は、当時の蔦屋の版元としての世間の評価を、1781年に発行された『菊寿草』（草双紙の批評本）の内容をもとに提示しています。『菊寿草』では、黄表紙本の代表的版元8社の最後に、蔦屋の名前が掲載されていました。つまり、このころの江戸では、すでに蔦屋は黄表紙本に関して名のある版元の1社とみなされ始めていたのです。

それだけではなく、『菊寿草』では、作者の部で朋誠堂喜三二、絵師の部で北尾重政がそれぞれ1位とされ、重三郎の出版事業を支える2人の名手が、ともに評価本で最高位となりました。また、この時の黄表紙本の第1位は『見徳一炊夢《みるがとくいっすいのゆめ》』で、喜三二と重政のタッグで蔦屋から出版された黄表紙本でした。

ただし、この時点ではまだ、蔦屋は駆け出しの若い版元に過ぎないイメージだったようです。しかし、大手版元たちの集まる評価本の末席に掲載されるまでには至っていました。

このとき、重三郎は31歳。出版を志して商売を始めて8年後のことです。当時の江戸でも、重三郎のビジネスは評判を呼び、彼は自分の夢の入り口程度にまでは辿り着いていました。同年の1781年には、蔦屋で居候をしていた絵師の喜多川豊章に「うた麿《まろ》」の名前で黄表紙本の絵を描かせるなど、大雄飛の準備ができ始めたころでもありました。

重三郎初期の「勝利の要因」

『菊寿草』(1781年の草双紙評判本)に続いて、1782年には同じ草双紙評判本の『岡目八目』が世に出ます。ここでも蔦屋版元の『景清百人一首』(朋誠堂喜三二)、『我頼《われたのむ》人正直《ひとのまこと》』（恋川春町）がそれぞれ筆頭、つまり1位にランクされ、蔦屋から出る黄表紙本が、非常な人気を博していたことがわかります。

翌1783年には、待望の日本橋通油町への進出を果たし、この時から蔦屋は名実ともに江戸の大手版元の一角を占めるようになりました。

振り返ると、1773年から1777年までの蔦屋のビジネスは、『吉原細見』の販売からスタートし、出版物のほとんどが吉原の宣伝や吉原のガイドブックのような役割を果たすものでした。当時の重三郎は資金も少なく、同時に吉原コミュニティの一員として吉原の文化的側面や「通の概念」と吉原を重ねて発信する役割を周囲から期待されていたことも理由でしょう。

吉原に育ち、吉原大門で小さな書店を開いた重三郎は、商売の初期に、吉原遊女ガイドブックの販売や出版、吉原の文化や粋を宣伝する記事を掲載したことで、吉原という特殊な地域のブランディング、マーケティングの一端を担っていました。この時期の多くの蔦屋出版物は「入銀《にゅうぎん》」、つまり吉原の有力人脈から資金提供されて出版されていますが、その過程で、重三郎の意向で当時の江戸一流文化人に序文執筆や寄稿を依頼していきます。

当初は吉原の宣伝、ブランディングで起用された一流文化人、最先端の芸術家たち。しかし彼らの作品は、担い手の達人としての技能と芸術家としての至高のセンスから、次第に「吉原宣伝本」の領域を飛び越えはじめます。

きっかけを作ったのは、単なる吉原の宣伝担当者ではなく、芸術家に対する類まれな理解を持った、重三郎の存在だったのではないでしょうか。芸術家たちへの吉原での接待は、重三郎と芸術家たちの接点を生み出しました。しかし、当の芸術家たちが重三郎の依頼を、情熱を注ぎたい仕事とみなさなければ、版元蔦屋の作品が「吉原宣伝本」の領域を超えることはなかったと推察します。

その意味で、初期の蔦屋の版元としての成功は、一流芸術家、一流文化人たちと築いた強い信頼関係がもたらしたものでした。そして彼ら一流芸術家の心に火をつけることができた、若き出版人としての重三郎の人間的魅力と芸術家への心からの共感が推進力となっていたのです。

羽ばたきを始める蔦屋出版物

1777（安永6）年の蔦屋の出版物は6点。そのうち、吉原関連は4点で、残りは評判記『江戸じまん評判記』、花道書『手ごとの清水』でした。そして、全国版の遊女ガイドブック『娼妃地理記《しょうひちりき》』は、洒落本として後世にも高い評価を受けるほどの芸術性がありました。

その意味で、1777年の蔦屋の出版物は、吉原以外の分野が3割を超えていたのです。この年こそ、重三郎が「吉原宣伝本」という起業時のジャンルを飛び越え始めたときだったのです。

その他、蔦屋版の『吉原細見』の序文は、1778年より以降、長期にわたって朋誠堂喜三二が担当を続けていきます。時代の最先端のセンスを見せる芸術家であり、吉原を知る通人でもある喜三二の筆の力によって、蔦屋の出版物は新しいブランドイメージを漂わせ始めます。

重三郎の市場洞察、その進化

1783年は、重三郎が日本橋通油町に進出した記念すべき時でした。このまさに同時期に、天明狂歌ブームの火付け役となる2冊の狂歌集『若葉集』と『万載集』が世に出ます。優秀な狂歌をその歌い手とともに紹介する2冊の狂歌集の登場で、狂歌師たちに一層のブームが巻き起こったことはすでにご説明しました。

注目したいのは、同じ1783年に蔦屋から『浜のきさご』という狂歌の手引書が出されていることです。これは元木網《もとのもくあみ》という狂歌師による狂歌の手引書ですが、同年に世に出て火付け役となった2冊の狂歌集に比較して、さほど話題になりませんでした。

2つの狂歌集と同じく、蔦屋の『浜のきさご』も、狂歌ブームをさらに押し広げることを意図していたと思われます。しかし『浜のきさご』は、2冊の狂歌集の注目度とは比較にならないくらい小さな影響しか生み出せませんでした。

それはなぜでしょうか？

一つの推測として、重三郎が狂歌ブームを後押しする方法に、自身が関与していた吉原のプロモーションの構造を想定していたことです。吉原のプロモーションやブランディングは、最終目的が「吉原に新たに通う人を増やす」ことにあったはずです。その意味で、吉原に通うための手引書、吉原を新たに知る人のための基礎知識、などのテーマは、重三郎の関わった吉原推しの活動には、非常に効果的なものだったのでしょう。

しかし、吉原のプロモーションと異なり、狂歌ブームへの参加には「倫理的な抵抗感、参加障壁」がありません。だからこそ、ある種の人気ランキングだった狂歌集という場の登場に、江戸の狂歌師たちは熱狂したのです。

世間的には小さな変化、さざ波にしか過ぎないような反響だったかもしれませんが、筆者の推測では、この狂歌手引書『浜のきさご』と前記の狂歌集2冊の違いは、重三郎の内心に大きな衝撃を与えたのではないでしょうか。なにしろ、遊女ガイドブックの『吉原細見』と、秀逸な狂歌と狂歌師を掲載する狂歌集は、構造的には似たものであるからです。

それは、江戸の粋でありながら、**倫理的な抵抗感がある吉原という世界観から重三郎のアタマが抜け出す第一歩**だったと推察できるのです。

ここに至って、重三郎の内部に新たに生成された市場洞察は、吉原という枠組みを完全に超えたと推測します。重三郎は、1783年の小さな読み違いを理解することで、江戸市中の一般人を対象としたより健全でより大きなマーケットへの深い洞察と理解を得たのです。江戸市中をうならせる、凄腕出版プロデューサーとして重三郎が開眼をしたのは、この1783年だったと本書は推察します。

まとめ

重三郎は、市場の反響を元に、自身の市場洞察を連続的に成長・進化させた。市場洞察の進化を止めず学び続けたことが、彼に大成功をもたらした。

戦略⑭ 特殊な環境でイノベーションのヒントを掴む

蔦屋重三郎の「特異性」

蔦屋重三郎は、江戸の版元として異例のスピードで成功を重ねていきます。しかし、江戸後期の出版におけるすべてのイノベーションが重三郎の手によるものではありません。絵入りの大人向け文学書として新スタイルを確立した「黄表紙本」などは、鱗形屋と恋川春町とのタッグで生み出され、重三郎はそのイノベーションを仰ぎ見た側でもありました。

つまり重三郎はその他の出版関係者と同じく、黄表紙本のイノベーションに驚かされた側です。一方で誰よりも素早く学んだこと、一流の芸術家たちとの関係性こそが出版を成功させるポイントだと当初から見抜いたことで、黄表紙本のブームを最大限利用することができました。

しかし、それでもなお謎は残ります。なぜ蔦屋重三郎ばかりが大きな成功を収めることができたのか。なぜ他の出版人と比較して、重三郎はより大きな成功を収めることができたのか。重三郎をプロデューサーとして成功に導いた特異性とは、一体なんだったのか。

本書は、最大の理由は、「**重三郎が初期に、吉原のプロモーションを担当したから**」だと推測します。しかし、どうして吉原のプロモーションを担当したことが、重三郎を凄腕プロデューサーに押し上げたのでしょうか。

重三郎が必要とした「バズる力」

吉原のプロモーションをしていたことが、なぜ重三郎に有利に働いたのか。理由は、吉原のプロモーションでは「過去に吉原に関心を持たなかった人」に向けてアプローチをして、「吉原に新たに関心を持つ層を生み出し」、さらに「新たに吉原に通う人を増やす」ことが達成されるべき目標だったからです。

重三郎の3つのプロモーション目標は次の通りです。

かつての吉原の地に鎮座する吉原神社(東京都台東区)

- **過去に関心を持たなかった人にアプローチする**
- **関心を持つ層を新たに生み出す**
- **過去に購入層ではなかった層に購入させる**

江戸の吉原は公娼街であり、幕府から認可されているとはいえ、世間一般の倫理からすれば、忌避する要素がゼロではありません。ある意味、日陰の商売であり、昼間の商売とは明確に線引きされた存在です。そこに通うこと自体も、一般通念としては決して褒められたことではない。

このような不利な条件の元、先に挙げた3つのプロモーション目標を達成しなければ、吉原は儲からないわけです。重三郎は、不況にさしかかった江戸後期という時代に、吉原を再活性化させるための催事プロモーションでも協力しており、特に彼の創業初期は、吉原を江戸の話題に乗せるための仕掛けを考案する必要に迫られていました。

この特殊な経験が、彼を集客販促におけるイノベーターにしたのではないでしょうか。そこでは、現代ビジネス・マーケティングにおける著名な書『ブルーオーシャン戦略』のように、過去は顧客でなかった層を新たに顧客として取り込む視点が欠かせません。この視点が重三郎の中に常にあったからこそ、吉原を飛び出して版元として勝負した際に、世間をあっと驚かせる企画ができたのではないでしょうか。

イノベーションの本当の定義

イノベーションという言葉を聞くと、現代の私たちの多くは「技術革新のことだ」と思いがちです。しかし、ビジネス全体での視点を持つとき、イノベーションとは「**これまで購入対象ではなかった人たちを、購入対象にできること**」なのです。

表現を少し変えるなら、「これまで利用者でなかった人を、新たに利用者にすること」。これこそが、ビジネス全体で観た場合のイノベーションなのです。

イノベーションの本当の定義をまとめます。

- **これまで顧客でなかった人たちを、顧客にできること**
- **これまで利用者でなかった人たちを、利用者にできること**
- **利用者層を新たに広げる幅が大きいほど、強力なイノベーションである**

科学に関する世界的な啓蒙家であるマット・リドレーは著作『人類とイノベーション』で、発明とイノベーションを明確に区分しています。発明や発見はある種の技術革新であっても、それがそのまま利用者の増加には（必ずしも）つながらないからです。

発見や発明者は、すぐれたアイデアを出しても名声や利益にほとんどあずかれないという扱いは不当だと感じることが多いが、そのアイデアや発明を、実際に人びとの役に立つ実用的で手ごろな価格のイノベーションに変えるのに、どれだけ多くの努力が必要かを忘れているか、あるいは見落としているのだろう

（『人類とイノベーション』）

書籍『人類とイノベーション』では、人類が電球を利用可能にする過程で、非常に多くの技術革新があり、多くの発明家が関与したことを指摘しています。これら多くの発明家の関与は、技術的な前進を意味しましたが、その技術的な前進のほとんどは、電球の大幅な普及にはつながらなかったのです。

そのような発明家たちの中で、異彩を放ったのが発明王エジソンです。

彼がつねにしつこく注力したのは、世界が必要としているものを調べてから、そのニーズを満たす方法を発明することであって、その逆ではなかった

（『人類とイノベーション』）

エジソンは送電線網の整理を含めて、非常に多くの人が電球を利用できる環境を整えました。それこそが、エジソンのイノベーションだったのです。普及させる力があまりに強力だったため、エジソンの方式が現在とは異なる直流方式だったにも関わらず、エジソンの名前は、電球の発明史に不朽の名を残したのです。

近い将来において、「購入対象を広げる」可能性のあるものに、クルマの自動運転があります。完全な自動運転は現時点では技術、安全、保険などの問題から難しいかもしれませんが、さまざまな障壁を超えた場合、自動運転自体がクルマの顧客を劇的に広げる可能性があります。

例えば、裕福な家庭の未成年が、塾や習い事のために車を所有したり、運動能力が衰えたことで、免許を返納した高齢者でも、新型モデルを購入することが可能になるなどです。

この場合は「免許保持」という点がボトルネックなのですが、運転の自動化は単に自家用車のみならず、建設関連の機械でも同じことが言えるかもしれません。

技術革新はさまざまに行われますが、ビジネスに最大のインパクトを与える変化は、常に「顧客を拡大できる要素」を含んだ新技術なのです。

バズるほど販促費は少なくてすむ

版元蔦屋から発刊される書籍は、その企画が斬新で、多くの人の耳目を集めることでも有名でした。現代の多くの重三郎関係の書籍も、その成果を「重三郎が蔦屋をブランドにすることに成功したから」と指摘しています。

書籍や出版物の企画は、集客上非常に重要な意味を持ちます。同じたった1つの企画でも、その扱う内容によって、関心を持つ人の数は雲泥の差になるからです。

これは、ある意味で書籍『人類とイノベーション』のリドレー氏が指摘する、より少ないものでより多くを実現することに通じます。販売促進の優劣は、その販促にかかった経費に対して、得られる成果の大小で決まるからです。

資源が限られている世界で無限の成長は不可能、あるいは少なくとも持続不可能だと言う人はまちがっている。理由は単純。少ないもので多くをすることによって、成長は起こりうるからだ

（『人類とイノベーション』）

より多くの人が読みたい、知りたいと思う企画を立ち上げることができれば、少ない販促費用で多くの本が販売できます。これは、ビジネス販促における急成長を生み出す基本です。膨大な販促費をかけないと集客できない企画、商品そのものがブレーキなのです。

多くの「成長」は実は縮小である。ほとんど気づかれていないが、今日、経済成長の主なエンジンの源は、より多くの資源を使うことではなく、より少ないものでより多くを行うイノベーションを利用することだという流れが急増している

（『人類とイノベーション』）

江戸で誰もが知りたい、ゴシップ的な話題のひとつは、男女の恋愛事情や他人の色事に関する裏話であったと推察されます。男性が女性に好かれたい、女性が男性に好かれたいなどの話題も非常に多くの人の関心を惹きます。そしてこのような話題は、男女の話しが決して尽きることのない吉原にはとくに多く起こったはずです。

重三郎は、男女の話題が尽きない吉原で育った人物です。その彼が版元になったとき、江戸の人々が知りたい、聞きたい、読みたいテーマが手に取るようにわかった可能性が高いのです。重三郎はバズるテーマがわかる人だったのです。

プロデューサーとしての起点は常に同じ

このように考えると、重三郎が版元として江戸の話題をさらうようなあっぱれな手腕を示したのは、その起点が吉原の販促・プロモーションに真剣に取り組んだ若いころの体験と知識、分析があったからではないでしょうか。

吉原は、江戸の当時でも伝統がありながら、非常に限定された人々が通う場所だったはずです。その吉原が、不況期に入って販促・プロモーションの達人を必要とした。そのタイミングが見事に重三郎の書籍・出版ビジネスの立ち上げと重なった。

この絶妙のタイミングが、吉原コミュニティや吉原の有力者たちの重三郎への協力や期待を生み出した。そして重三郎は彼らの期待にまず応えるべく、知恵の限りを絞って出版ビジネスに挑戦を続けた。この積み重ねこそが、重三郎のべらぼうな成功を生み出したのではないでしょうか。

蔦屋の版元への進出とその大成功は、当時の江戸でも大きな話題になりました。吉原に通って身代を潰してしまう若旦那は多くいても、吉原を出て大商人として成功した人は少ないと指摘されていました。重三郎がその稀な大成功を達成できたのは、吉原という特殊な場所を、江戸全体を新たにプロモーションする立場に立ち、創意工夫、大奮闘を重ねたからではないでしょうか。

まとめ

重三郎はビジネスの初期に吉原を新たにプロモーションする役割を担った。その特殊な条件の目標達成に全力を尽くしたことが、彼ののちの成功を生み出した

戦略⑮

他人の成功から学びを得る

1785年、黄表紙本ブームの頂点でバズる

突出した才能を持つ芸術家たちを、強い信頼関係で取り込む。新進気鋭の芸術家たちとチームとなり、新しい企画を続々と出版していく。1783（天明3）年に日本橋に本拠地を移してからの数年間、蔦屋はまさに飛ぶ鳥を落とす勢いで人気作品を生み出していきます。

天明五年（1785）は黄表紙文学がその一頂点をきわめた年である。この年発表された山東京伝《さんとうきょうでん》『江戸《えど》生《うまれ》艶気樺焼《うわきのかばやき》』、芝全交《しばぜんこう》『大悲千禄本《だいひのせんろくほん》』、唐来参和《とうらいさんな》『莫切《きるな》白《の》根《ねから》金《かね》生《のなる》木《き》』は、黄表紙隆盛期を飾るにふさわしい名作として、文学界の高い評価を受けているのだが、その三作の版元はいずれもが蔦屋重三郎であった

（松木寛『蔦屋重三郎』※ふりがなは編集部）

右の3冊はいずれも、テーマは大変ユニークで滑稽なものです。『江戸生艶気樺焼』は、モテない若旦那が、金を払って自作自演でモテる演出をバカげたほど頑張る物語。最後は大失敗して人生の大切な基本に気付くオチです。『大悲千禄本』は、千手観音が不況のおりで、自分の手を売ってお金をもらう話。『莫切白根金生木』は、何をしてもお金が儲かってしまうある人が、最後には家じゅう千両箱に占領されて、お金が儲かるせいで眠る場所もなくなってしまう話。

いずれもバカバカしいお話ですが、私たちの人間の不条理や可笑しさ、切なさを切り取っているようでもあり、「自分たち自身の愚かさ」を笑い飛ばす爽快さも感じます。ただし、その笑い飛ばすテーマは、私たちすべての人に共通すると思わせる点は、さすが江戸の大ヒット作と言えるのではないでしょうか。

同じ1785年に、狂歌集ヒット作『故混馬鹿集』を出す

同じ1785（天明5）年に、蔦屋は狂歌集の『故混馬鹿集《ここんばかしゅう》』（朱楽菅江《あけらかんこう》撰）を発行。1787年の『才蔵集』（版元蔦屋）とともに、天明狂歌の五大選集に挙げられることになる『故混馬鹿集』の大ヒットで、狂歌関連出版でも蔦屋の存在感はさらに高まります。

いま江戸の狂歌界は、完全に重三郎の掌中にあった。だが、彼はこれで気を緩めるようなことはしなかった。重三郎の本領が発揮されるのは、むしろこれからだった。絶対有利の条件下で、重三郎はユニークな企画による目新しい狂歌本を次々に作成し、大衆の喝采をあびていくのである

（松木寛『蔦屋重三郎』）

1773年、『吉原細見』の小売り書店からスタートした若者が、12年後（1785年）に江戸の新進気鋭版元として、ゆるぎない存在感を持った瞬間でした。

1785年から1787年の2年間は、版元としての蔦屋の第1回目の黄金期といえます。1783年に日本橋へ本拠地を移動して2年後には、蔦屋は江戸における大手版元として、老舗大手版元の鶴屋などに比肩する存在となっていたのです。

一方で、歴史的には1785年は江戸後期の悪い意味での転換点となっています。翌年に田沼意次が罷免され、徳川家斉が将軍となります。その結果、1787年から老中松平定信が政治の舵を切ることになります。

この時期、日本は大地震や飢饉、江戸での打ちこわしを経験しています。社会騒乱が多く、世情が傾いていく中で、松平定信の新政治による規制や引き締めが多く決定され、暗い影が社会を覆い始めるのです。

1785年~1787年の2年間は、規制緩和と自由な気風の田沼政治の最後の時期であり、江戸文学も明るさを伴う盛り上がりを見せた瞬間でした。しかし、世情の不安定化と不況の広がり、息苦しい政治統制の始まりは、経済の悪化とともに江戸社会に重苦しさをもたらしていきます。

重三郎の「狂歌絵本」というイノベーション

1785年、黄表紙本と狂歌集でヒット作を連発した重三郎は、翌1786年に新たな挑戦を行います。それが「狂歌絵本」という新ジャンルの開拓です。狂歌集に押絵の要素を加えた『吾妻曲《あずまぶり》狂歌文庫《きょうかぶんこ》』（絵：北尾政演《まさのぶ》、撰：宿屋飯盛《やどやのめしもり》（本名：石川雅望《まさもち》））を世に出したのです。重三郎は、江戸文芸における新ジャンルを提示する旗手となりました。

「狂歌絵本」は、狂歌集に挿絵を入れて、ビジュアル化したバージョンですが、読者層を増やす、読者層を広げるという意味でまさにイノベーションとして作用しました。また、皆さんも思い出されるかもしれませんが、出版業界に足を踏み入れたばかりの重三郎が目撃した「挿絵＋大人向け文学」という新たな組み合わせの、黄表紙本のイノベーション成功を模倣したものだといえます。

重三郎が思いついたのは、戯作と浮世絵の組み合わせで黄表紙本という新しい文芸が成立したように、今度は狂歌師と浮世絵師を結び合わせて、高度な芸術的創造物を産み得ないかという着想である

（松木寛『蔦屋重三郎』）

黄表紙本の最初は、1775年の『金々先生栄花夢』（版元鱗形屋、恋川春町著）の登場でした。それから約10年、重三郎は自らが若き日に目撃した他社によるイノベーションを、今度は自分の手で実行する機会を得て、それを世に問うほどに成長したのです。

ビジュアル化は、何をもたらしているのか

ビジュアル化は、当然のごとく読者層の広がりを実現します。これは私たちの現代生活

を顧みても、間違いないことでしょう。マンガ、アニメも同じです。例えば、すでに歴史漫画や科学漫画のような、学習にビジュアルとストーリー性を持たせることで、難解で取り組みにくいテーマを子どもや学生に読ませる書籍は、売れ続けています。

読解や取組み、利用のハードルを下げることが、需要創出の重要な起点となっているのです。ビジュアル化は、ハードルを下げるという意味で、非常に強いインパクトを持ちます。過去、ビジュアル化されたことのない情報であるほど、そのインパクトはより強力なものになるでしょう。

1981年に発売された科学雑誌『ニュートン』は、高度あるいは専門性のある科学のテーマを、写真や美しい絵で図解し、非常に多くの読者を獲得して話題となりました。創刊当初は40万部もの発行部数を誇り、のちの科学雑誌ブームの先駆けとなった存在です。

科学雑誌『ニュートン』にあったのも、ビジュアル化による読者ハードルの引き下げです。難解な文章の羅列を努力して解読するのではなく、美しい絵や写真を見て、関心を惹かれた場所から子供でも読み始めることができる。絵を見ているだけで楽しく、想像力を刺激されるなど、**ビジュアル化は一層の大衆化をもたらす効果的な入口**でもあるのです。

映画、アニメ、TVも含め、ビジュアル化されることで爆発的な読者獲得をした事例は、近代でも枚挙に暇がありません。これを江戸で重三郎が実現できたのは、彼が「読者をいかに現在よりもさらに拡大するか」という1点を、常に考え続けていたからでしょう。

「刀剣乱舞」という人気コンテンツ

ビジュアル化で人気商品になった事例として、近年では「刀剣乱舞」があるでしょう。日本刀を男性に擬人化した「刀剣男子」が活躍するシミュレーションゲームですが、その人気により、ミュージカル化、舞台化、新作歌舞伎化もされ、アニメ、さらに実写映画化までされています。

日本刀という歴史的な由緒と、刀剣男子のキャラクターをビジュアルで組み合わせることで、強い物語性が生まれていることがその魅力でしょう。刀剣を男子にビジュアル化するのは、一歩進んだ手法といえますが、その効果もあり、「刀剣乱舞」はコンテンツとして一時社会現象のようにファンの広がりを見せたのです。

関心がなかった層を巻き込む、手を伸ばさなかった層に手を伸ばさせる。このような取り組みは、吉原のプロモーション、マーケティング経験から、重三郎が商売成功の最大の要因としていたポイントです。

「刀剣男子」も背景に歴史を持つ日本刀を、男子に擬人化してその来歴をキャラクターとの物語にしています。こうすることで、刀剣の魅力がそれまでの限定されたマニア層から、一般層に大きく広がる動きを作りました。実際、「刀剣男子」の人気から、日本各地の美術館や博物館で本物の刀剣展が開催されたことをご記憶の方も多いでしょう。

天明狂歌ブームに沸く江戸で、「狂歌絵本」というビジュアル化により、読者層をさらに広げた重三郎。彼がこの新ジャンルを最初に手掛けることができたのは、彼のヒットメーカーとしての鋭い視点と、これまでの人生経験があったからだと推察できるのです。

「他者の成功」に着目した男

狂歌絵本を世に出した重三郎の成功には、もう1つ重要な教訓があります。それは、彼が**自分の行ったことではなく、常に「他者の成功」に着目していた**であろうことです。

通常、人はだれでも自分がかわいいものです。だからこそ、自分が行っていることの効果を、過大に見積もり、他人の成功を過少に見積もってしまうのです。

これは、人が誰でも「自分は賢い」「自分はうまくやっている」「自分のやったことは成功だった」と思い込みたがる性質があることを示しています。自分という人格、アイデンティティを護るため、このような基本的な自己防衛の心理は誰にでも働きます。

しかし、市場と社会、つまり自分の外の世界を相手にして成功するためには、世の中と自分をともに客観視することが絶対的に不可欠です。

狂歌ブームの初期に、重三郎が最初に手掛けたのは「狂歌の手引書」を出すことでした。しかし、世の中は別の版元が出した2冊の狂歌書で沸きに沸いていました。大成功したアイデアを出したのは、その時点では重三郎ではなく他の版元でした。そのような残念な状況の中で、「自分のやっていること」だけに注目すれば、ヒットメーカーになるどころか、早々に淘汰される側になっていたでしょう。

重三郎は、自分がかわいいという小さな自我にしがみつかず、謙虚に他者の成功に着目し、ちゃっかりそれを自分のものとして新たに刷新して世の中に打ち出す功算妙思がありました。振り返れば、世界中には他者の成功が溢れています。しかし、多くの人は、他者のより優れた成功ではなく、自分のいまやっていることの価値を過大評価するのに忙しい。

だからこそ、ちゃっかりした計算ができ、自分の自我に謙虚さを持って発想できた重三郎が、江戸の出版業界で、大成功を収めたのではないでしょうか。

まとめ

他者の成功を謙虚に受け止め、自己流で新たなイノベーションに昇華した重三郎は、狂歌絵本というビジュアル化でさらにブームを広げた

戦略⑯ 暗雲から快晴、あっぱれな心意気

狂歌絵本と、美人画の歌麿

蔦屋重三郎が「狂歌絵本」という新ジャンルを創り上げ、狂歌ブームをさらに押し上げたことはすでに述べました。この狂歌絵本には、あの有名絵師も名を連ねています。美人画で私たちがよく知る、喜多川歌麿《きたがわうたまろ》です。

歌麿は、有名な狂歌絵本三部作を残しています。『画本虫撰《えほんむしえらみ》』（1788〈天明8〉年）、『潮干のつと』（1789〈寛政元〉年）、『百千鳥狂歌合《ももちどりきょうかあわせ》』（1790〈寛政2〉年）です。この三部作はすべて蔦屋版元であり、掲載された多数の狂歌とともに、歌麿の美しい絵を鑑賞できる傑作でした。

歌麿は若いころ、絵師としてまだ芽が出ない時期に重三郎の家に食客《しょっかく》として世話になっていたことがあり、その縁で版元蔦屋の書籍で絵師を何度も務めています。1781年に版元蔦屋から出た黄表紙本の挿絵を描いてから、歌麿は黄表紙本や狂歌絵本の絵を主に

描いていました。歌麿が本格的に美人画を描き始めるのは、版元蔦屋が政治風刺をした書籍を出したことで、絶版処分と身上半分（財産の半分を幕府が没収する）の刑罰を重三郎が受けた1791年以降のことです。

1780年代半ばより、干ばつなどで食糧不足が継続的に発生、飢饉が広がるなど社会不安は高まります。この流れの中で、幕府の政策の大転換があり、それに庶民が不満を募らせていきました。そんな中で重三郎と戯作者、絵師たちが政治風刺の黄表紙本を発刊し始めると、息苦しさと社会情勢への不安、幕府への不満から、大衆は蔦屋の発行する政治批評本に飛びつき、その多くは飛ぶように売れる大ヒットとなっていきました。

重三郎がぜったいに譲れなかったこと

田沼意次の規制緩和の時代から、全国的な飢饉などが勃発したことで、引き締めの気風が幕府に生まれます。田沼が失脚したのちに政治の中心となった松平定信は1787年に寛政の改革を断行。風紀取り締まりや、贅沢な慣行の禁止を進めていきます。

食糧不足を解消できず、社会不安が高まる中で打ちこわしが頻発し、庶民の不満が爆発する事件が起きるようになります。大衆は、幕府が問題を解決できていないと感じていたのでしょう。この不満は、政治批判へと結びつきますが、そこでも蔦屋は先陣を切ります。

天明末期～寛政初期の黄表紙作品のある部分が、自分たちの生きている政治・社会の実相に迫り、その矛盾や欠点を鋭く穿ってみせるという方向に向かったのは、黄表紙のもつ性格上自然だったのかもしれない。そしてここでもその先頭を走るのは、我らが蔦屋重三郎出版の黄表紙だった

（松木寛『蔦屋重三郎』）

1788（天明8）年に、『文武二道万石通《ぶんぶにどうまんごくとおし》』（朋誠堂喜三二）という政治批判本を出したのを皮切りに、『時代世話二挺鼓《じだいせわにちょうつづみ》』、『鸚鵡返文武二道《おうむがえしぶんぶのふたみち》』『天下一面鏡梅鉢《てんかいちめんかがみのうめばち》』などを発刊します。そのどれもが、滑稽と洒落にまかせて政治批判を激烈におこなうものでした。

なかでも『天下一面鏡梅鉢』の売れ行きは凄かったようです。この『天下一面鏡梅鉢』は、〝鏡〟という言葉を使っているように、「すべて真逆」にして政治の無能さ、現在の社会の混乱と、民衆の困窮を表現しています。この黄表紙本は、表面的には「社会がこれ以上ないほど豊かで」「食べるものもあり余り」「米が豊作で」「物乞いさえ豪勢なものを食べている」など、最上の良い事ばかりが描かれていますが、事実は真逆で、市中には家を失った者が溢れ、母親が子供に食べさせるものがなく、自然災害や人災、政治の不手際で社会に混乱が広がっていることを、痛烈に批判していました。大衆の困窮と強い怒りを、真逆にまるで「鏡」を見るような構図で表現したのです。

政治批判の黄表紙本が飛ぶように売れたことは、広く民衆の政治に対する怒りと失望、さらには文武両道を喧伝する武士たちの腑抜けさの実態や、政治上層部の腐敗を指弾する思いが、日本全国の人々に溢れていたことを示唆しています。

蔦屋版元の政治批判本が、社会の先陣を切って複数の著作者から出ていることから、この政治批判を黄表紙本のテーマに乗せることは、版元の重三郎の意向だったことは間違いないと思います。幕府批判は危険であることを知りながら、なぜ重三郎はそのような道に踏み込んだのか。彼の中にあった正義感なのか、世直しへの理想なのか。

本書の推測ですが、重三郎の心には「社会を支えているのは無数の庶民の活動であり」

「庶民の生活を安定させるのが政治の役割のはず」という想いがあったのではないでしょうか。もちろん、ヒットメーカーとして庶民の関心事を洞察していたことは当然あるでしょう。しかし、損得勘定だけでは踏み出せないリスクある一歩をあえて踏み出したのは、重三郎にとって譲れない何かがそこにあったに違いないのです。

損得勘定だけでは、この危ない橋は渡れません。重三郎と作家たちは、途中から幕府による咎めを避ける策を講じています。それでも幕府の政治の不手際を批判する、政治批判の黄表紙本出版を決断する何かが、重三郎の中に譲れないものとして存在したのです。

筆禍事件のてん末

一連の政治批判本は幕府の逆鱗に触れ、『鸚鵡返文武二道』（恋川春町）は絶版とされ、幕府に江戸城への出頭を命じられた恋川は、病気を理由に出頭を辞退するも、すぐに世を去ってしまいます（病気・自害説あり）。

１７９０（寛政２）年には、幕府により出版統制令が出されます。それでも足を止めない蔦屋は、山東京伝の洒落本を続けて出し、それが風俗を乱すとして幕府から批判されます。1791年には、山東京伝に手鎖50日の刑罰、重三郎には重い罰金刑が課されました。

ここにきて、狂歌ブームや黄表紙本ブームにも陰りが出て、蔦屋の版元ビジネスも転換を迫られていきます。

戯作の人気作家たちも、幕府による一連の弾圧で、次々と創作意欲を失っていくなかで、仕掛け人だった重三郎はさほど気にもせず、明るさと前向きさを維持していました。

しかし、明るさと勇気を失わないものの、幕府の出版統制とお咎めを受けた重三郎の頭脳は事態に対応するため、フル回転していたはずです。蔦屋は商売を維持するため、書物問屋のビジネスも始め、専門書や学術書の出版などにもビジネスの幅を広げていきます。

さらに、重三郎は黄表紙本や狂歌集にかわる新たなビジネスの柱を求めて、美人画や役者絵の世界に挑戦していきます。重三郎が死去する5年ほど前の時期から、彼は改めて新しいステージと才能を探して果敢に前進を続けるのです。

美人画、役者絵への転換と「新風戦略」

蔦屋と歌麿の関係は古く、初期には錦絵の美人画を書いていますが、中期から後期にかけては、狂歌絵本の挿絵を多く描いています。歌麿が絵を担当した狂歌絵本は10冊を超えており、美人画以外の分野においても、歌麿の卓越した筆の力を感じる作品が多数残されています。

蔦屋と歌麿のタッグによって美人画の傑作が多数生まれるのは、重三郎の活躍の最も後期であり、歌麿にとっては狂歌絵本の多数の傑作を書いたのちの時期でした。そのころには、歌麿の筆力は、美人画に新たな魅力を吹き込むほどに、円熟味を増していたのです。

このように、**既存の枠組みに新たな魅力を追加することで、そのジャンルに新風を吹かせることを狙う**——重三郎は、この手法を役者絵にも応用しています。１７９４年、重三郎の人生の晩年ともいえる時期に、東洲斎写楽と重三郎によって世に出される役者絵にも、その慧眼が活かされています。

従来の伝統的役者絵とは異なり、役者のリアルな内面を抉り出すような手法で描かれた写楽の役者絵は、江戸の人々を驚かせ、大いに話題となります。その注目を利用して、次々と新作の企画を生み出して、写楽の絵を重三郎は江戸に売り出していったのです。

正法寺に建つ蔦屋重三郎の墓（東京都台東区）

歌麿、写楽、北斎、そして重三郎の夢

写楽はわずか10カ月ほどの期間で、多数の傑作を残して突然その活動を停止します。しかし、晩年の重三郎は出版事業に対する熱意を失わず、ますます旺盛な企画力で歌麿、北斎、滝沢馬琴、十返舎一九などの芸術家を支援し、彼らの作品を世に出す仕事に精を出していきます。

しかし、１７９６（寛政8）年の秋からは寝込むことが多くなり、翌１７９７年5月に重三郎は死去します。多くの芸術家とともに、不朽の作品を多数世に出した出版人がその人生の幕を閉じた瞬間でした。

吉原で養子となった立場から身を起こし、小さな書店から江戸を代表する版元になり、さらには江戸市民を沸かせるさまざまな書籍の出版を行った重三郎。彼が芸術家たちと残した作品を振り返るとき、江戸を覆いつくすほどの彼の気概と、人々の心の機微をとらえるセンス、売れる企画を考えて実行に移す「功思妙算」など、江戸の出版王にふさわしい人間のスケールを感じさせる人生に、私たちは感嘆せずにはいられないのです。

まとめ

目の付け所さえ正しければ、商売のチャンスはどんな時代にも、どんな苦境にも存在する。視点を正しく保ち、新たなジャンルでも成功をおさめよう

第4章

蔦屋重三郎のイノベーションをビジネスに生かすには

戦略⑰ 異分野人材との化学反応

蔦屋重三郎を、江戸の大成功者にした起点

第4章では、蔦屋重三郎のビジネス戦略を、俯瞰的に分析していきます。本書のメインテーマである、「なぜ重三郎は商業的に成功し、なおかつ多数のアーティストを著名な存在にできたのか」という問題。これに回答するとき、1つの点をどうしても無視できません。

その1点は、次のように記述できるでしょう。

重三郎は、自分の古い境界線を何度も超えて成功を広げている。

最初は、吉原で小さな書店を開きました。次に版元となり、出版事業を手掛けるも、黄表紙本を含めたプロデューサーとしての仕事を拡大して、狂歌という異分野にも出版ビジネスを広げました。政治批評本での爆発的なヒットを記録し、錦絵における美人画や役者

絵などのイノベーションを起こしました。また後期には専門書や学術書の分野にも進出しています。

『南総里見八犬伝《なんそうさとみはっけんでん》』の著作で有名な滝沢馬琴《たきざわばきん》は、重三郎の人生のもっとも後半の時期に、重三郎に世話になった作家です。馬琴はその著作の中で「吉原通いで財産を失ってしまう人は多いが、吉原から出て大商人になった人物は少ない」と重三郎に言及しています。

重三郎は、人生の節目で何度も自分の領域を広げて成功を拡大しました。彼はひとつの狭い領域に留まる専門家ではなかった。むしろ、自分の成功の領域を広げることを得意としていたかのように、他の江戸商人が越えられなかった領域の境界線を何度も軽々と超えて見せ、江戸の大衆から拍手喝さいを浴びたのです。

境界線を超える力

本書では、重三郎が「境界線を越える力」に目覚めたのは、商売の初期に「吉原のプロモーションのため」文化人や芸術家を起用しようと考えたことが契機だと判断しています。

重三郎は、遊女ガイドブックの『吉原細見』の序文を、発明家だった平賀源内《ひらがげんない》に執筆依頼しています。源内の序文は注目を集め、結果として重三郎の思惑通りの結果だったのですが、彼はこの小さな成功で「吉原というカテゴリの外の専門家」と組むことの妙味と効能を知ったのではないでしょうか。

外の世界の専門家と組むことで、領域外の香りをまとうことができたのです。

重三郎はその初期に、すでに人気作家として活躍して声望のあった朋誠堂喜三二にも、別の『吉原細見』の序文を依頼しています。人気芸術家に、遊女ガイドブックの序文を書いてもらったことになりますが、源内と同様に、吉原の外の香りをまとうことで、それまで吉原に見向きもしなかった層にまで、話題と関心を広げることができたのではないでしょうか。

重三郎の「異分野の才能との化学反応」に対する判断を決定づけたのは、おそらく『娼妃地理記《しょうひちりき》』（朋誠堂喜三二、1777年）という書籍の出版だと思われます。この書は、遊女ガイドブックの全国版という主旨で書かれた書籍であり、初期の蔦屋の吉原関連の仕

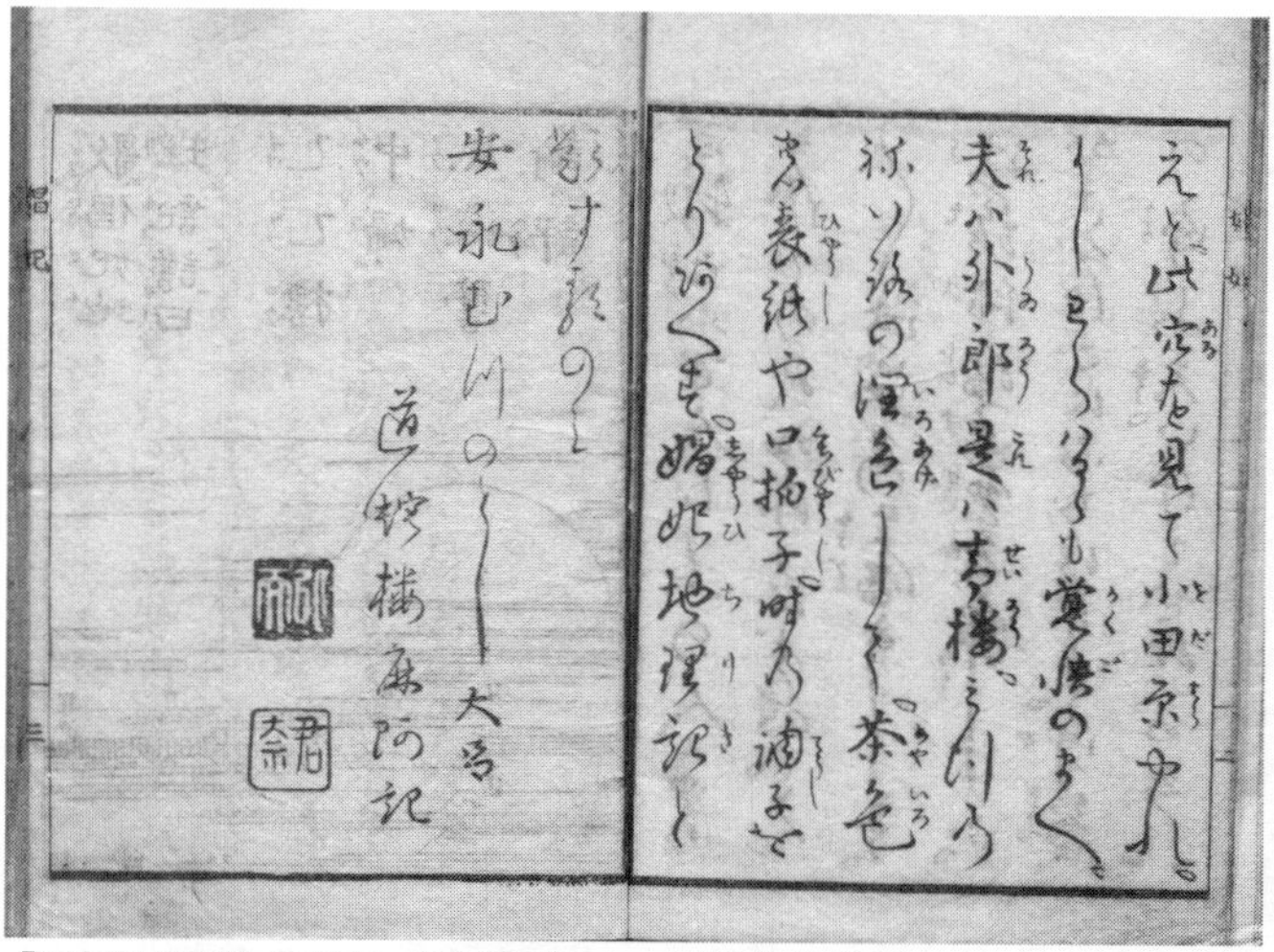

『娼妃地理記』の序文　朋誠堂喜三二が「道蛇楼麻阿（どうだろうまあ）」の筆名で執筆した

事の流れの中にあるものです。しかし、人気作家喜三二の筆力により、文芸作品としてのちにまで高く評価されるような一冊に仕上がっていたのです。

本書はこれまで蔦屋が手掛けてきた吉原関連の草紙の域にとどまらぬものであった。喜三二の才能を得て一級の戯作に仕上がっているのである

（鈴木俊幸『蔦屋重三郎』）

初期の重三郎は、地縁のある吉原に関連する書籍を、恐らく吉原の有力者たちから出資を得て出していたと思われます。『娼妃地理記』の出版も同種の流れでありながら、喜三二の人気戯作者としての筆力により、吉原関連以外の読者も獲得できていたものと考えられます。

市場に対するアンテナが敏感な重三郎の瞳がキラリと光った瞬間が、この書の成功にあったのではないでしょうか。自分は吉原という境界線を超えて成功できるという光を、重三郎が心の中に得た瞬間だったと本書では推測します。

Facebookのマーク・ザッカーバーグの成功例

ビジネスの世界でも、異分野の専門家とチームを組んだことで成功した事例は多数あります。古くは、アメリカの自動車王ヘンリー・フォードが、生産管理とキャッシュフロー管理の専門家であるカズンズと組んだことで、自動車生産で世界的な大成功を収めた事例があります。フォードの成功は3回目の起業の結果であり、前2回では倒産したり、会社を追放されたりしていました。

フォードは技術開発に関心が高く、企業の経営にはその分野の専門家が別に必要だったのです。

現在、全世界で29億人の月間アクティブユーザーを持つFacebook社の創業者の1人マーク・ザッカーバーグは、学生仲間と起業しながらも、創業翌年にはすでにシリコンバレーで経験豊富なビジネスパーソンたちから助言を受ける状況を作ります。ザッカーバーグは意識的に「学生ではないプロ」と結びつくことで、同社の成長を劇的に加速させることに成功したのです。

電気自動車の分野で世界的なリーディング・カンパニーのテスラは、二人の技術者によって創業されました。しかし実質的に同社の世界的な成長を支えたのは、初期から出資者として参加した、イーロン・マスクでした。同氏はバッテリー技術の革新などを予測したことで、異業種から同社に参画しながらも、同社にビジョンを与えることができ、世界的な成功を生み出すことに成功したのです（同氏は2008年から同社CEOを務める。同氏はテスラ以前に、世界的なベンチャー企業のペイパルの共同創業などで、ベンチャー企業のスケール化に成功した経験を持っています）。

異分野人材はときに、非常に大きな成功に結び付く起爆剤にもなるのです。

なぜ、異分野人材との化学反応が大切か

異分野人材は、私たちの分野以外の知識と経験を持ちます。私たち側に欠けているポイントがわかり、特定業界の知識を別の分野に活用するイノベーションの機会も生まれま

す。吉原関連本を人気作家の喜三二に書いてもらったことで、単なる遊女本というカテゴリを書籍が飛び越えていったように、です。

異分野の知識のみを得るならば、努力すればできるかもしれません。しかし、異分野で活躍している人材の才覚と経験は、私たちが既存の分野で仕事をする限り、得ることができない貴重な武器になります。

また、異分野への進出を計画するときにも、どうしても現在活動している既存の領域の常識から離れることができないものです。異分野人材と既存分野の融合による化学反応は、予期せぬ成功を生み出してくれる。それは、事業領域の区分が年々無意味なものになっている、現代の最新ビジネスシーンでも共通することでしょう。異分野の優れた人材を効果的に取り込むことが、自社のビジネスに変革をもたらすチャンスとなるのです。

平賀源内という、日本初のコピーライターの存在

重三郎が、初期に『吉原細見』の序文を平賀源内に依頼したことはすでに述べました。平賀源内は、エレキテルなどの発明家として有名ですが、実は江戸初のコピーライターという側面もあった異才の人物でした。

書籍『広告で見る江戸時代』（中田節子氏・著）では、コピーライターとして活躍した源内の事績がいくつも紹介されています。1762（宝暦12）年には博覧会を開催して、その引札（チラシ）を配布して全国から出品を募っています。

同書では山東京伝（北尾政演）も江戸の名コピーライターとして活躍したと紹介されています。

若き重三郎が、平賀源内という人物に注目したのは、源内の卓越したコピーライティングの仕事に惹かれていた可能性があります。事実、重三郎自身も版元として、広告の機能を縦横に使いこなそうとしたのですから。

本、錦絵、名所案内物などの印刷物にして広めた版元は、広告の仕掛け人の大元締めのようなものだった。その第一人者は蔦屋重三郎であろう

（『広告で見る江戸時代』）

平賀源内は、江戸でも型破りな人物であり、発明家、戯作者、コピーライターなど多彩な方面で才能を発揮した人物です。そのような異才に着目したこと、源内の活躍や事績に影響を受けたことが、重三郎を新たなイノベーターに育成したのでしょう。

境界線を越える力を、あなたの中に取り込む

もし重三郎が、起業当時のように、書店として貸本屋と吉原関連本を小売りすることにしか関心を持たず、版元ビジネスに乗り出さなければどうなっていたか。吉原関連本の売れ行きだけで満足し、黄表紙本などの新ジャンルへの積極的なチャレンジをしなければどうなったか。おそらく彼は、歴史に名前を残すほどの活躍はしなかったでしょう。

黄表紙本の成功で満足し、狂歌集の世界に飛びこまなければ、彼の成功は数分の一で終わり、多数の芸術家たちとの傑作も後世に残ることはなかったはずです。

「黄表紙本」「狂歌集」の新分野に飛びこむとき、重三郎はかならずその新分野で活躍する人物と関係性を構築してから行動を開始しました。飛びこむ新分野の優れた人材との化学反応は、重三郎にとって成功を約束してくれる重要な方程式だったのです。

顧客を広げるとき、その商品やサービスは既存の境界線を越える必要があります。その意味で、異分野の専門家の視点は、境界線を越える架け橋の役割を果たしてくれます。バ

ズることが、多くの人を話題に巻き込むことならば、逆にバズるためには、多くの人の生活に入り込む視点（要素）が必要になるのに似ています。

忘れてはならない点として、重三郎が7歳で両親が離婚して、喜多川家に養子に入ったことがあります。のちに経済的に自立すると、重三郎は実の両親を呼び寄せて再び一緒に暮らしていますが、喜多川家の人たちは元の両親に比較して、「遥かに商売上手」だった可能性があるのではないでしょうか。異分野との化学反応で、ある種の飛躍をしたのは、彼自身の青年期そのものにも当てはまる可能性があるのです。

まとめ

自分と自社の古い境界線を超えるため、積極的に異分野の専門家と情報交換しよう。異分野の専門家を、効果的なポジションに雇用するのも効果的

戦略⑱ Youtube的なビジュアル化

江戸の文芸を変えたビジュアル化

すでに述べてきたように、「黄表紙本」「狂歌絵本」など江戸の文芸はビジュアル化で爆発的な読者の広がりを実現しました。このビジュアル化は、基本的に技術革新と組織化をベースとしたものでした。

1760年代に多色刷りの錦絵の技術が開発されたことにより、きれいな絵を大量に刷ることが可能になり、「絵」を大衆文化に取り込むことが可能になったのです。寺子屋の普及で、文字が読める人口が爆発的に増えていたことも、江戸の文芸の広がりを加速させました。

多色刷りの技術と印刷工程の組織化は、きれいな絵を多数出版物に掲載することを可能にし、コストダウンも実現したでしょう。江戸後期の文学がビジュアル化を取り込めたのは、このような技術的な背景があったからです。

ただし、このビジュアル化が結果的に何を成し遂げたのかを理解することは、この影響の根源を知り、それを活用する上で非常に重要なポイントになると思われます。

ビジュアル化には、主に2つの効用があります。

① ハードルを引き下げる

識字率の向上を背景にしながらも、黄表紙本が最終的に成し遂げたことは「ビジュアル化によるハードルのさらなる引き下げ」ということになるでしょう。すべて文字の本を読むよりも、絵がついており絵を解説するような文章が掲載されている書籍のほうが、読み始めるハードルも、読み続けるハードルもはるかに低いからです。

ハードルが下がると、気軽に書籍を読めるようになります。これは、難解な専門書ではなく、楽しい絵が多数入ったマンガを連想すればすぐにわかります。誰にでも読むことができ、集中力を維持するような環境も必要ない。すぐに理解できるので、細切れのような時間でも本を手に取ることができるのです。

② 説明の必要性が激減する

挿絵があることで、当然ながら説明的な文章の量を劇的に減らすことができます。本の内容を表現する絵があることで、細部に関する文章的な表現が必要なくなり、文字がなくとも理解できる要素が高いほど、読み手は「見るだけで」内容を理解できるからです。

幼児向けの絵本などは「見るだけで大丈夫」の典型なのですが、大人向けの文学が絵本化された黄表紙本は、現代で考えても感嘆すべきイノベーションと呼べるでしょう。そこに巧妙な洒落や滑稽が含まれていれば、現代でも魅力的な本になるかもしれません。

Youtubeに似た現代性

2005年に創業された動画共有サイトのYoutubeは、現在ではアクティブユーザー数が25億人を超える、世界有数のプラットフォームです。ここでは、特別な資格や資金がなくとも、個人が作成した動画を投稿し、視聴者を集めて、広告費用などの収益を得ることも可能です。

注目すべきは、従来であれば接触ハードルが高かった学習やスキル習得などのコンテンツも、**動画で掲載されることで非常に多くの視聴者を集めている**ことです。視聴する、観るだけで内容がわかる動画では、高い集中力や読解力が必要なく、気楽な気持ちで眺めることが可能です。

これは黄表紙本以前に、印刷物に挿絵を活用する文化が江戸で広がり、幼児向けから青年向け、そして大人向けの黄表紙本にまでビジュアル化が広がった結果に類似します。ビジュアル化で、情報を受け取れる人が爆発的に増えるのです。

現代では小学生も日常的にYoutubeを利用して、好きな動画を観たり、学習やスポーツに参考となる動画を視聴しています。従来ならば動画として共有されることのなかったコンテンツが掲載されていることで、視聴する側が激増する構造がここにあるのです。

理解のハードルを下げる

ビジュアル化の本質が、「**理解のハードルを下げること**」と定義すると、いろいろと別のカタチに転換が可能になります。例えば、理解のハードルを下げることで、多大なメリットが生まれ、知りたいことに対して視聴者や読者をより集める効果が生まれると仮定できます。

企業の商品販促の場合、「理解のハードルを下げる」とは、製品を購入したときの、効果効能を理解してもらうハードルを下げること、と考えることができます。

①画像で理解のハードルを下げる

- 画像を多用する
- 利用状況を動画にする
- 前後の比較画像を掲載する

②体験で理解のハードルを下げる

- 初期費用を安くする（無料体験を可能にする）
- 高額製品の場合、購入前に短期レンタルを可能にする
- 試食、試飲ができる

③物語性で理解のハードルを下げる

- 説明に主人公を登場させる（ストーリー性を高める）
- 説明に誰もが共通して悩むテーマを登場させる（導入に）

・説明に社会環境の変化を関連させる（多数の興味を引くため）

（効果効能に対する）理解のハードルをいかに下げるか、を考えると私たちのビジネスにおける新しい打ち手も見えてきます。通常、企業が見込み客に伝えたい効果効能の多くは、思った以上に相手に伝わっていないものだからです。

伝わっていない魅力が、相手に理解されるためのハードルを下げる方法を見つけることは、そのまま購入者を増やす直接的な改善になるのです。

ビジュアル化はハードルを下げる強烈な要因になる

ビジュアル化はその表現が適切であれば、理解のハードルを劇的に下げることになります。また印刷を含めた媒体の利用は、多数の人間に同時に内容を伝えることを可能にします。問題は、ビジュアル化をイノベーションに活用する場合、**「従来はビジュアル化されていない要素」をビジュアル化**することがポイントになることです。

「従来はビジュアル化されていない要素」をビジュアル化すると聞くと、非常に難しいことに聞こえるかもしれません。しかし、従来は数値化されていなかった効果要素を数値化し、グラフなどの視覚的に比較可能なものに置き換えるのなら可能ではないでしょうか。

このように考えると、伝える意味が明確にあるにも関わらず、ビジュアル化されていない要素は、現代ビジネスにも非常に多いことに気付けるのです。

重三郎は、黄表紙本の成功を見て、狂歌絵本を思いつき大成功させました。いままで理解のハードルを下げる努力がされていない分野に、ビジュアル化を持ち込むことができれば、非常に大きな効果を得る可能性があるのです。

まとめ

江戸文芸を盛り上げたイノベーションのひとつは「ビジュアル化」だった。魅力や効果効能を理解するハードルを下げることは、現代ビジネスでも効果が高い

戦略⑲ 顧客を広げるテーマ選択

黄表紙本は、社会の真ん中を狙った文芸

大人向けの文芸に、挿絵を加えて完成した黄表紙本。江戸文芸のスタイルを革新した黄表紙本は、蔦屋重三郎が版元ビジネスに参入したまさにそのタイミングで起こった（他の版元による）イノベーションでした。

重三郎は数年間の準備ののち、黄表紙本の市場に挑戦すべく、さまざまな書籍の版元になっていきます。以降、天明狂歌のブームにも飛びこみ、ブームの中盤から後期は、重三郎自身が狂歌ブームを盛り上げる旗振り役を担っていきます。

１７８７年の寛政の改革以降は、政治批評という庶民がもっとも関心を持ったテーマを果敢に取り上げ、江戸社会を揺るがすほどのヒット作を連発していきます。

江戸で稀代のヒットメーカーとなった重三郎は、自分のキャリアの中で狙う市場を何度

も変更しています。「**狙う市場を変え続けたこと**」こそが、蔦屋の版元ビジネスが成功を続けることができた理由だったとさえ思われるのです。

市場の中心は、時代とともに流転する

逆にいえば、人は自分が一度成功した市場からなかなか離れることができない。一度ビジネスで成功した対象顧客に、変わらず同じ形で売り続けてしまう。もしくは、同じジャンルの同じ顧客層に、新商品を売ろうと企画し続けてしまう。

顧客を固定してしまうと、顧客とともに自社のビジネスは歳をとってしまうのです。一度成功した市場に固執する度合いが強ければ強いほど、時代の転換で急速にビジネスが老化してしまう。

特定市場への固執による老化は、ビジネスパーソン自身を襲うワナでもあります。

ビジネス人としての若々しさとは、新市場を狙い、獲得できる力なのです。

市場の新しい中心はどこなのか？

変化の遅い時代ならともかく、変化の速い時代では、ターゲット市場を変化させていな

いことは、自社のビジネスが劣化していることを意味しています。重三郎の意識の中には「市場の新しい中心はどこか？」という問いが、常に渦巻いていたのではないでしょうか。この質問への答えを探し続けたからこそ、重三郎は「江戸文芸の最先端の人物」というブランドをまとって生涯を過ごせたのです。

人も企業も、扱うテーマとともに年齢が決まります。未来に繁栄するためには、未来の市場が必要とする問題解決や商品を開発することが必要です。市場の中心が流転していくならば、自社がその中心市場からずれていかない舵取りが必要になります。

移動する市場の中心を追いかける意識こそが、企業の若々しさや老化を左右するのです。

中心市場に斬りこむための、重三郎のテストマーケティング

1780（安永9）年、重三郎は黄表紙本の発刊で大攻勢をかけますが、その時に出てきた黄表紙本は、それぞれコンセプトや方向性がかなり多様です。多数の昔話を織り交ぜたもの、嘘八百の話を面白おかしく書き連ねたもの、世の中を冷ややかに（かつ滑稽に）見るものなどです。それぞれ異なる作者による力作でありながら、その方向性はさまざま

でした。

これは恐らく、黄表紙本という大衆文学に本格挑戦する段階で、テストマーケティング的に、江戸の庶民が飛びつくテーマの方向性を探る意図もあったのではないでしょうか。

とくに、重三郎が求めていたのは「読者の広がりを実現するテーマ」であったと思われます。吉原関連の出版の経験以外にほとんどない初期には、江戸の庶民が求めているテーマをテスト的に発見するしか道がないからです（他版元で売れている黄表紙を参考にしながら）。

もちろん、書籍内容の詳細は戯作者が決めることですが、コンセプトや方向性、どんなものを扱ってほしいかについては、版元の重三郎が一定の意見を出せたはずです。そのため、蔦屋の初期の黄表紙本は、重三郎にとってテストマーケティングの要素を持たせ、いろいろな方向性を試して、江戸大衆の反響を観察したと思われるのです。

大きな池と、小さな池

現代ビジネスのマーケティングでも、「大きな池」と「小さな池」のどちらを狙うかは常に議論される点です。一般に「大きな池」とは巨大な市場を指しますが、ライバルも多く、技術革新も頻繁に起こる。ただし、市場の成長率も高い。「小さな池」は、ニッチ市場を意味しますが、専門性が必要でありながら、競争は小さい。小さな池になるほど、成長余地も低くなる。

「大きな池と小さな池」を選別して狙う考え方は、消費人口が右肩上がりの時代のものという指摘があります。人口が増えない、人口減少社会の現代には適合しない可能性があるのです。

成功している現代企業の多くは、特定のカテゴリで最初はニッチ市場を獲得し、その地位を固めながら、より広い市場を目指しています。これは、特定市場のみを狙ったビジネスでは、成長がすぐに頭打ちになってしまうからでしょう。

重三郎は、版元ビジネスの拠点を日本橋に移しても、吉原大門の書店は細々と続けていました。彼のビジネスは、初期のニッチ市場としての吉原関連、基礎を固めたのちには、大衆市場のできるだけ真ん中を狙う「黄表紙本」「狂歌集」「政治批評本」「美人画」「役者絵」と、次々と大きな池に向けて出版企画を続けたことがわかります。

野球場でさえ、野球以外の消費を狙う時代

テーマ、あるいはコンセプトはおのずと集客の範囲を決めてしまいます。ビジネスパーソンであれば、どんなテーマの専門家になるかは、非常に重要な選択です。その選択により、自分がどんな業界で、どんな顧客に向けて仕事をするか決まるからです。

どのテーマ、どの分野の専門家になるかは、その人の生涯年収を大きく左右します。スポーツひとつとっても、どのスポーツのプロになるかで、収入は劇的に変化します。自分をどんなテーマの人間とするかで、人生のスケールそのものも決定されてしまうでしょう。活躍の場の大小も同じです。ビジネスパーソンとしても個人としても、自己テーマは重要な事項なのです。

だからこそ、自ら決めるテーマは、現在と未来の繁栄につながるものであるべきです。

プロ野球の日本ハムファイターズの新本拠地である、北海道北広島市のエスコンフィールドＨＯＫＫＡＩＤＯは、集客性に優れていることで、開設以来何度もメディアの話題となっています。コンセプトは、「プロ野球の試合のない日でも高い集客性を誇る施設」だと思われます。試合のない日でも、多くの人が来場する仕掛けと、プロ野球以外に十分楽

しめる要素が盛り込まれているからです。

現在では、大手家具店の中にも「日用品コーナー」を非常に充実させる企業が出てきています。理由は、家具のみを購入するための来店では、来店頻度が少なすぎるからです。日用品のように、頻繁に来店する動機があれば、店舗の継続的な売上を維持しやすくなるでしょう。

「プロ野球の試合のない日でも高い集客性を誇るスタジアム」も「家具以外の目的での来店頻度が高い家具店」も、ある意味で新しいコンセプトであり、そのコンセプトは「顧客を広げる」という目的のために設計されています。

集客を新たに成功させるには、時代に合わせた新しいコンセプトが必要なのです。逆に、コンセプトが古くなってしまうことで、優秀な企業も優秀な人材も、社会における繁栄や成功から遠ざかってしまいます。コンセプトとは、自分で自分の境界線を決めることだからです。だからこそ、自己コンセプトの古さに敏感になるべきなのです。

市場の中心は、時代とともに変転します。だからこそ、顧客を広げるための新しいコンセプトの設計・模索は、企業の現在を支えるだけではなく、企業の未来を繁栄か衰退か決める、欠かすことのできない非常に重要な作業なのです。

まとめ

新たな顧客層を取り込むため、「試験的テーマ・試験的コンセプト」を定期的に試そう。顧客を広げるためのテストマーケティングの継続は、会社の未来を築く

戦略⑳ 新風と世代交代、そして連鎖的な広告

ジェフ・ベゾスと蔦屋重三郎

新カテゴリに参入する際に、テストマーケティング的にいくつかの企画を組み立てておき、それらを市場に出すことで反響を分析する。テストのため、いくつかは挑戦的な企画になり、その上で、重三郎は時代がこれから何に飛びつくかをいち早く察知してヒット作をさらに企画、世に出していきます（当然、ダメな企画もわかるようになる）。

「顧客を広げる企画」を常に念頭においていた重三郎は、どうしてもテストを行う必要があったはずです。そのテストは、次の時代と江戸の大衆が向かっている場所、つまり未来の需要を指し示すものである必要がありました。

このテストマーケティングの繰り返しこそが、蔦屋を最先端の版元として江戸市民に認識させた最大の要因ではないかと本書は想定します。

彼の出版物の後ろには蔦屋重三郎という人物の影がちらつき、その影には流行の先端を行く匂いが伴う

（鈴木俊幸『蔦屋重三郎』）

アマゾン創業者として世界的に有名な起業家のジェフ・ベゾスは、自著の中で次のように述べています。

これは本当に大切なのですが、継続して実験を行わない会社や、失敗を許容しない会社は、最終的には絶望的な状況に追い込まれます

（『ベゾス・レター　アマゾンに学ぶ14カ条の成長原則』）

重三郎は商売人として慎重な人物だったことはたびたび述べてきましたが、彼の慎重さとは、保守的になることではありません。挑戦的なテストマーケティングを継続して行うことで、石橋を叩きながら未来に大胆に挑戦していたのです。

未来の需要方向を見極めるためのテストマーケティングを行えば、「大胆さ」「斬新さ」

が蔦屋のブランドイメージになります。その裏で、テストマーケティングで裏打ちされた需要をもとに企画を立て、未来のヒットを外さないビジネスを継続する。

彼のビジネス戦略には、ジェフ・ベゾスのように最先端のブランド化と、堅実な商売を両立させる要素があったのです。

過去のモデルを意図的に古くする

新しい企画を立ち上げて成功させるためには、**旧来の支配的な製品を意図的に古くさせる**要素が効果的です。模倣品と見做される新製品では、時代を転換させることができないからです。市場を支配する既存の人気製品を駆逐するには、一体なにが必要か。

重三郎は、美人画の攻略において、喜多川歌麿を起用して次の要素を織り込みました。

①　役者絵で成功していた大首絵を美人画に応用
②　女性の内面の感情を引き出す描写
③　女性の息遣いが感じられる艶めかしさ
④　市井で美人と評判の娘たちを描くことで、モデルを身近な存在として感じさせる

いずれも先に江戸の美人画で達人として知られた鳥居清長の「理想像としての女性画」から、明確に一線を画すものでした。

清長の女性達に対して、歌麿の描く女達は、華やいだ蠱惑的な魅力を発散させている。オリンポスの女神に譬えられた清長の女性像は、いま歌麿の導きによって下界に降ろされ、悩ましい「恋愛の息吹」をかよわせた生きた女達に生まれかわるのである

（松木寛『蔦屋重三郎』）

歌麿が旧来の第一人者である鳥居清長を「旧モデルとして古くできる」状態になるまで、重三郎は美人画で本格攻勢をかけることを控えていました。逆にいえば、既存の支配的な製品を駆逐できるような新機軸を生み出すことができれば、マーケティングとして大きな波を生み出す、全面的な世代交代を実現できるのですから。

現代ビジネスでも、服飾ファッションや自動車デザインの分野では、デザインや配色により、新型登場で旧型を「古くする」ことが行われます。新型デザインが明らかに既存製品を「古く見せる」ことは、消費者の購入意欲喚起にも強いプラスを生むからです。

市場が飽和・成熟したときがチャンス

「新風と世代交代」のマーケティングは、市場が飽和・成熟しているときに、とくに有効となります。大抵の場合、市場の飽和は支配的な製品が存在していることで成立しているからです。その支配的な製品を「時代遅れにする」ことができれば、オセロの白黒が全面的に逆転するように、非常に大きなシェアを取ることも可能になるのです。

支配的な先行製品を、どうすれば旧モデルにしてしまえるか。この考え方を元に新製品を企画することは、市場の飽和を逆利用する考え方に結びつきます。

逆に重三郎が行わなかったのは、人気を誇る先行商品の存在しない市場に参入して、新製品を打ち出すことでした。逆転すべき先行人気商品がそもそもない市場は、ひっくり返しても規模が小さく、販売攻勢をかけるだけの旨みのない機会だからでしょう。

連鎖的な広告、定期刊行と最新情報

重三郎は、版元として広告の機能に特に注意を払った人物でもありました。江戸をにぎわせた名プロデューサーは、新しい広告アイデアを次々と出す人間でもあったのです。

吉原細見は広告媒体として優れた出版物である。年二回定期的に刊行され、消耗品的に大量に市中に頒布される

（鈴木俊幸『蔦屋重三郎』）

『吉原細見』は定期刊行される遊女ガイドブックですが、情報の最新化が欠かせない価値となっています。その上で、重三郎はこの定期刊行物を、自社版元の最新刊の告知媒体として改良し、縦横に活用していきます。

細見付載の広告として新しい出版物が刻々掲載され、蔵板目録の記事がにぎやかになっていくわけであり、われわれは細見を年次に追って眺めることにより、蔦重の版元としての成長を明瞭に了解しうることになる

（鈴木俊幸『蔦屋重三郎』）

定期刊行物と、新刊書籍の広告のサイクルは、蔦屋が版元として最新情報を広く発信し続ける下地となりました。サイクルを繰り返しながら、版元蔦屋をブランド化していく広告術が、重三郎をして江戸庶民に新風を吹き込む力を与えたのです。

先行商品を古くするのが新製品

先行商品を古くする要素は、なにもデザインや機能だけに限りません。現代ビジネスでは「導入しやすさ」「利用しやすさ」「購入方法の多様化」「省コスト」なども、新製品として旧製品を駆逐する魅力となることがあります。

これ以上古くならないだろうという製品やサービスでさえ、新しい視点が導入されることで、旧製品になることはよくあります。理由は、歴史が長く、売れ続けていることで、かえって「導入しやすさの改善」「利用しやすさの改善」「購入方法」「コスト面」などが、置き去りにされているからです。伝統製品の分野ほど、新しい風というマーケティングは効果的なのです。

世界は既存製品を古くする、「新製品を求めている」といえるかもしれません。重三郎が錦絵の世界でヒットを生み出した美人画や役者絵も、ジャンルという意味では旧来のままですが、織り込む世界観を一新したことで、美人画や役者絵にまったく新たな魅力を与えました。既存製品を古くする新製品のコンセプトは、視点を変えることで無限に生み出すことができるのです。

まとめ

市場が飽和成熟しているときこそ、「新風と世代交代」が効果的になる。支配的な既存製品を古くする要素がないかを考えてみよう

戦略㉑ あなたのビジネスを「蔦屋化」する6つの未来アイデア

当代一流の芸術家たちを巻き込んだ「べらぼう」な冒険

蔦屋重三郎のビジネス展開と彼のマーケティング戦略をこれまで分析してきました。重三郎はきわめて慎重な人物で、イチかバチかの賭けとは真逆の商売法ながら、一方で売れる方向を確認できると、果敢に挑戦して江戸の人々をその手腕で感嘆させていきました。

江戸の一流芸術家たちを巻き込んだ重三郎の版元としての挑戦は、江戸芸術の新たな「粋」を生み出しながら大衆を楽しませ、その演出に大衆は拍手喝さいを送りました。

まとめとして、重三郎の市場創造戦略を振り返り、彼の成功を私たちのビジネスに取り込む方法を6つのポイントとして述べていきたいと思います。

「蔦屋化」のための6つの未来アイデア

これまで述べてきた重三郎のビジネスを、次のようにまとめておきます。

①自分の行動ではなく、他社の成功を観察する
②異分野の専門家や成功者とつながる（イノベーション）
③「伝わる」を広げる。文字から絵、絵から動画、そして次へ
④客層を広げる新テーマを掲げる
⑤「参加したいと思われる場づくり・ムーブメントづくり」を意識する
⑥未来を読むためテストマーケティングを継続的に行う（停止しない）

6つのポイントを見ると、重三郎が自身の成功を広げようと常に構想しているのがわかります。ただやみくもに売り広げるのではなく、成功を拡大していくために、ぬかりない準備をしていることも伝わってきます。

成功を広げるためには、既存の分野で専門家だった自分をまずイノベーションしなければいけない。そのために異分野の才能ある人と親交を結び、新しいテーマを取り込んでいく。**成功を広げるとは、自分自身を広げていくことでもある**のです。

広がっていく境界線に対して、古い自分に固執しないことも大切でしょう。

自分の行動ではなく、他社の成功を観察せよ

重三郎の仕事術における焦点は、なんといっても「未来を創り上げるプロデュース力」にあったと本書では結論づけます。江戸の大衆の前に、つぎつぎと新しい企画を見せ、その面白さや斬新さで、多くの読者を虜にしていく。

彼はプロデューサー、演出家として大衆の先を行く必要がありました。しかしその未来は、本来は江戸の大衆の心の中にあったはずです。江戸の市民が読みたいと思うテーマ、江戸の市民がこれから関心を強く寄せるテーマこそが、売れる版元ビジネスには不可欠だからです。

そのためには、すでに述べたように「**自分の行動ではなく、他社の成功**」に着目する必要があります。人は誰でも、自分の行動の価値を過大評価するものですが、未来に繁栄する道を見極めるためには、自分の行動ではなく、他社の成功に着目する客観性が必要なのです。そこに、未来のきざしを教えるヒントが含まれているからです。

重三郎の快進撃と現代企業の経営を対比したときに、彼と同じ成功の側に立つことを阻む、2つの大きなハードルがあることがわかります。この2つのハードルを意識しないと、重三郎のような成功の側に立つことができないのです。

①「自社のテーマ」を改善しない

誰でもビジネスをしていれば、得意なテーマがあります。それは分野であり、専門的な知識と製品となりますが、その自社テーマが社会の関心をとらえているか否か。どれほど手離したくないテーマでも、社会全体の関心が消えていくテーマでは、自社の衰退は確実になってしまいます。

自社のテーマを、未来の消費者が飛びつきたくなるものに変える必要があるのです。

②未来に焦点を合わせ続けない

自社製品や自社のプロモーションの一部でも、未来の市場に焦点を合わせているかを常に確認しておく必要があります。5年前、あるいは3年前に考えた未来は、おそらく現在では「過去」になっているはずです。未来を探るテストマーケティングの重要性は、何度か本書で触れていますが、現在に焦点を合わせすぎることで、未来への準備を怠らないようにしたいものです。

重三郎は、未来を探りながら一方で未来を提示しています。自分の心のうちで勝手に構想をしても、そのあてずっぽうは当たるか外れるかわからない、単純な予想でしかありません。未来を探り当てるデータを集め、活用するからこそ、変化しながら王道を進めるのです。

人を愛すること、人の未来を愛すること

重三郎の生きた江戸後期は、文化的に成熟した期間であり、その前半は町人文化が花開いていたとされています。滑稽本や洒落本、有名な和歌をもじった狂歌などは、文芸の大衆化とともに、多くのテーマが「人」を中心に展開している趣があります。

黄表紙本が、男女の色恋沙汰を扱うのはその典型ですが、人の欲や見栄を明るく笑う江戸の大衆本は、どことなく憎めない要素があります。彼らは人間であることの楽しさや、人間であることの悲しさや切なさを知っており、滑稽極まりないストーリーのなかに、時折人間の生に対する鋭い批評が見え隠れする気がします。

後代のわれわれが認識する天明文化の大きな部分は彼によって作り上げられたもの、彼の演出がほどこされたものであるといっても過言ではなかろう。時流を見極め、時代を主導する卓越した才能の持ち主であった

（鈴木俊幸『蔦屋重三郎』）

出版プロデューサーとして卓越した手腕を発揮した蔦屋重三郎。彼は江戸の庶民に書籍を通じて新たな文化を提示し、その演出は江戸の多くの人たちを楽しませた。同時に重三郎自身も、悲喜こもごものなかで逞しく生きる江戸の人たちを、心から愛していたのではないでしょうか。

重三郎は巧妙にアタマを働かせながらも、超然とした存在というより、むしろ江戸の人々の中にいて、彼らと交わって生きた。一流の芸術家たちと組んで、江戸の人たちに新たな話題を振りまき、驚かせたり、悲しませたり、感動させたり、義憤を感じさせたり、ワクワクさせたりした。まさに「バズる力」を発揮した人でした。彼は江戸の人間として生きることを、同時代の人々と一緒に、思い切り楽しんだという印象を与えます。

市井の人たちを心から愛した彼は、江戸の市井の人たちからまた愛されたのです。同時代の人たちとともに、江戸を生きることを重三郎は心から楽しんでいたのではないでしょうか。「べらぼうな野心」を持つ男は、彼自身の人生を最大の冒険として「江戸の粋」を生み出し続けて人々を楽しませたのです。

まとめ

社会と時代は止まることなく進み、市場のどこかは今まさに成長期に入る。その膨張する市場をいち早く見つけるために、重三郎のビジネス流儀を参考にしよう

おわりに——自分語りをしなかった重三郎の実像と「その後の蔦屋」

蔦屋重三郎は、書き手としてとらえどころが難しい人物です。彼は、多くの歴史的人物のように、自身の感情や思考を吐露した形跡がありません。もちろん、版元蔦屋の書籍の序文や、狂歌もいくつか残していますが、あくまで「役柄」に合わせた文章を書いています。石川雅望と大田南畝による墓碑銘はよく知られていますが、それは周囲の者から見た重三郎という人物です。

だからこそ、単に残された資料からでは、重三郎という稀代の出版プロデューサーの内面が見えません。彼の行ったこと、関わった人、出版した本はわかっても、彼自身の人となりは、なかなかわからないのです。

では重三郎は寡黙で言葉少ない人物だったのか？　おそらく、それは真逆でしょう。死の間際に、「今日の昼頃には死ぬよ」と言いながら、昼を過ぎても生きている自分を顧みて「まだ終わっていないね、案外遅いな」と周囲に軽口をたたけるくらいには饒舌でした。

ふと思うのは、重三郎は言葉ではなく、自身がプロデュースした作品たちで自分を語ったのではないかということ。そうであれば、彼ほど饒舌に自分の人生を語った者はいません。これ以上の自分語りは、江戸では見つからないのではと思うほど、（作品を通じて）自己の人生を多くの人に語っている。現代の私たちに向けてさえ、です。

重三郎が版元として出した書籍、錦絵、狂歌集などは、彼自身をまさに物語る言葉だったと考えると合点がいきます。版元蔦屋から出版されたすべての作品には、蔦屋重三郎という人物の影や香り、信念や心意気、人や社会に対する視線、愛情や優しさが含まれているのです。

蔦屋の黄表紙本には、親子の関係が多い？

重三郎がプロデュースした黄表紙本は、どんな内容、方向性だったのか。大まかに3つの方向性に分けられると考えています。

① 世の中のことを笑う

② 荒唐無稽

③ 男女の事情を取り上げる

黄表紙本は絵入りの大衆小説なので、基本的に大衆受けするテーマを扱うのは当然ですが、蔦屋ブランドには精神や視点の自由が奔放に乗せられている気がします。

『夜野中狐物《よのなかこんなもの》』というタイトルの書籍が版元蔦屋から出ていますが、江戸社会の杓子定規のオモテの裏側では、失敗もすれば滑稽な行動もする、みんな同じ人間なのだ、という風刺が効いています。これはのちの政治批判本『文武二道万石通』も同じで、厳しくしかめっ面をしている武士たちも、保養地で過ごすウラの情景は、市井の人となんら変わりない、という指摘を、面白可笑しく展開しています。

荒唐無稽、という意味では江戸のSF漫画とでも呼べるような書籍も多いです。『箱入《はこいり》娘《むすめ》面屋《めんや》人魚《にんぎょう》』（山東京伝）では、顔が女性で体が魚の人魚が出てきて、夫となった貧乏漁師の平次とともに、とんでもない展開が次から次とやってくるお話。この人面魚は、もとは浦島太郎と鯉女の子供だというありえない設定も笑いを誘います。

版元蔦屋からの書籍に限らず、江戸の黄表紙本には「親子の関係」「親や家に縛られる子供」という構図がよく描かれています。親が行ったことで子供が苦労する、大変な影響を長く受ける物語もあれば、息子がやんちゃをして、一連の騒動のてん末の回収を、困り果てた親が行うなど、時代背景をもとにした、親と子や、家と人々の関係が描かれます。

このような伝統を踏まえてかつ、江戸の人々の生活を反映させたうえで、総じて版元蔦屋の書籍には、「自由な精神の息吹」を取り込もうという意思が感じられます。

蔦重が古きを吹き飛ばした理由

美人画や役者絵の説明をしたときにも触れましたが、重三郎はマーケティング戦略として「新風を吹かせる」ことを得意としました。旧来の人気作品や支配的な作風が、ある意味で円熟さと同時に飽きられる頃合いに、新たな作風で大衆を驚かせるという手法です。

版元蔦屋というブランドは、「新しさ」「新風を吹かせる」というイメージをまといたい。重三郎の意欲が感じられる点です。美人画に取り入れた大胆な構図、神々しい美から、地上の恋に悩む妖艶な女性の美への転換。重三郎は、古い美を焼き直しで世に出すのではなく、常に新しい構図、新たな組み合わせを求め、少なくとも「新しさ」の演出に手を尽くしました。

視点を変えると、重三郎の「古きに対する反発」「伝統の重さを否定する若さ」を新風の追求は示していると理解できます。自身の版元ブランドに新しさを求めるのは、彼が江戸で長く続く因習や、人々の固定観念を忌避する心情があったのではと推察できるのです。

彼の生まれや育ちが、吉原という街と密接につながっていることにも関連しているかもしれません。彼がどんな生き方をして、どんな行動や信念を持っていても、吉原に関連したイメージで判断される。現代より200年近く前の江戸のこと、このような古い習慣、固定的な観念は、なかなか抜きがたかったと想像されます。

重三郎自身、生まれや育ちの背景を背負っているゆえに、「新しい精神」「古いものに染まりきるのではなく、新鮮な感性を持つ新たな江戸文芸」を誰よりも積極的に打ち出した、という可能性があります。蔦屋ブランドで打ち出した新たな風は、その自由な精神で古い観念を吹き飛ばす。そして吹き飛ばしたいのは、重三郎自身の幼少期の悩みや苦しさだったのだ、とするのは穿った見かたでしょうか。

重三郎は、実母津与の顕彰碑を作っています。そのため、重三郎の明るくまっすぐな精神は、厳しい実母の教えから生まれていると推測できます。重三郎のお母さんは、貧しくとも節を曲げず、人間として明るく生きた女性だったのではないか。母の明るさが、重三郎のからりとした精神に引き継がれていると思われるのです。

初代蔦屋重三郎の死後、蔦屋はどうなったか？

本書でご紹介した、蔦屋重三郎（初代）は1797（寛政9）年に亡くなります。その後は2代目から5代目までの蔦屋重三郎に引き継がれ、2代目のときには葛飾北斎などの名手との作品を多く残しています。

2代目以降、挑戦的なテーマの書籍は次第に減少していったとされており、一代で大版元にまでのぼりつめた初代ほどのビジネス手腕は、次世代以降にはなかったようです。それでも、滝沢馬琴など、2代目以降でも多くの芸術家の傑作を世に残しています。

1837（天保8）年には初代からの商売の基礎『吉原細見』の株を譲渡しており、しだいに商売はしりすぼみになっていったようです。

初代蔦屋重三郎は、江戸でも現代で比較しても、稀な傑出した人物でした。その心意気や精神の自由さ、江戸の社会に面白い本を出してやろうとする大きな野心などに圧倒されます。版元蔦屋が生まれたことで、後世の私たちは江戸の傑作文芸、美しい美術品を鑑賞することができます。

この点を考えると、江戸後期に活躍した彼のプロデュース力と文芸への夢は、彼の版元作品を鑑賞する私達に、いまも美しい幻術をかけてくれているのでしょう。蔦屋重三郎の「べらぼうな夢」は、いまも続いているのです。

令和6年2月

鈴木博毅

主要参考文献

鈴木俊幸『蔦屋重三郎』（若草書房）
松木寛『蔦屋重三郎　江戸芸術の演出者』（日本経済新聞社）
増田晶文『稀代の本屋　蔦屋重三郎』（草思社）
小池正胤『江戸の戯作絵本1～3』（社会思想社）
山脇麻生（著）・中村正明（監修）『すぐ読める！　蔦屋重三郎と江戸の黄表紙』（時事通信社）
山東京伝『山東京傳全集』（ぺりかん社）
小林ふみ子『へんちくりん江戸挿絵本』（集英社インターナショナル）
浜田義一郎『日本古典文学全集46　黄表紙　川柳　狂歌』（小学館）
喜多川歌麿・菊池庸介『歌麿「画本虫撰」「百千鳥狂歌合」「潮干のつと」』（講談社選書メチエ）

※古典作品の画像の出典は国立国会図書館デジタルコレクション
※風景写真は編集部撮影

（著者プロフィール）
鈴木博毅（すずきひろき）
ビジネス戦略、組織論、マーケティングコンサルタント。1972年生まれ。慶應義塾大学総合政策学部、京都大学経営管理大学院卒業。大学卒業後、貿易商社にてカナダ・オーストラリアの資源輸入業務に従事。その後、国内コンサルティング会社に勤務し、2001年に独立。戦略論や企業史を分析し、負ける組織と勝てる組織の違いを追求しながら、失敗の構造から新たなイノベーションへのヒントを探ることをライフワークとしている。わかりやすく解説する講演、研修は好評を博しており、オリコン顧客満足度ランキングでなみいる大企業を押さえて1位を獲得した企業や、特定業界での国内シェアナンバーワン企業など成功事例多数。現在、ビジネス戦略コンサルタントとして、国内外で活躍中。
著書に『「超」入門「失敗の本質」』『古代から現代まで２時間で学ぶ 戦略の教室』『戦略は歴史から学べ 』（以上、ダイヤモンド社）、『最強のリーダー育成書 君主論』（KADOKAWA）などがある。

蔦屋重三郎のバズる力

2025年３月１日　第１刷発行

著　者　鈴木博毅
発行者　唐津　隆
発行所　株式会社ビジネス社
〒162－0805　東京都新宿区矢来町114番地　神楽坂高橋ビル5F
電話　03－5227－1602　FAX 03－5227－1603
URL　https://www.business-sha.co.jp/

〈カバーデザイン〉中村　聡
〈本文デザイン＆DTP〉有限会社メディアネット
〈印刷・製本〉モリモト印刷株式会社
〈編集担当〉岡田晴生　〈営業担当〉山口健志

ISBN978-4-8284-2706-5